CODE JUDICIAIRE,

TROISIÈME PARTIE.

OU

CODE CRIMINEL

A PARIS,

Chez
{
LEBOUCHER, Libraire, rue Saint-Honoré, à côté de Saint-Roch, N°. 278, ou à sa boutique, jardin des Feuillans, près l'Assemblée Nationale;

BAUDOUIN, Imprimeur de l'Assemblée Nationale, cour des Capucins Saint-Honoré.
}

Prix, pour Paris, 2 livres 10 sols, broché; pour les départemens, 3 livres 15 sols, broché.

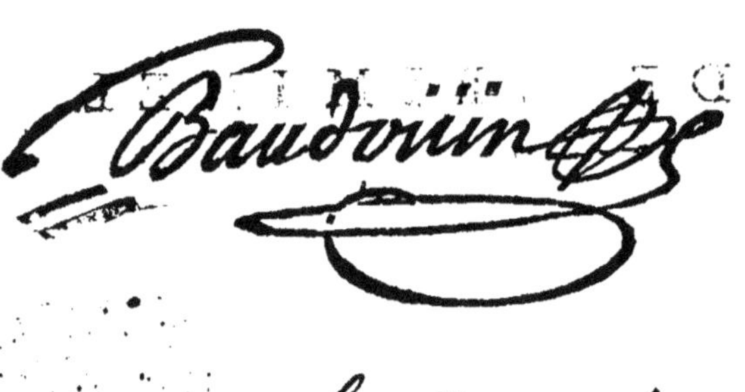

CODE
JUDICIAIRE,
OU
RECUEIL DES DÉCRETS

DE L'ASSEMBLÉE-NATIONALE-CONSTITUANTE;

Sur l'Ordre judiciaire,

TROISIÈME PARTIE,

Contenant les Décrets qui concernent l'instruction des procès criminels & la procédure par jurés.

Par M. CAMUS, Garde des Archives nationales.

A PARIS,
DE L'IMPRIMERIE NATIONALE.

L'An quatrième de la Liberté.

AVERTISSEMENT.

CE volume est la suite de celui qui a déja paru sur l'ordre judiciaire. Si l'on jette les yeux sur l'avertissement que j'ai mis en tête de ce premier volume, on verra que j'ai divisé le code judiciaire en cinq parties, dont le deux premières contenues dans le premier volume, ont pour objet l'ordre judiciaire en général & l'ordre judiciaire civil ; la troisième, qui est celle-ci, a pour objet l'ordre judiciaire criminel.

L'Assemblée-nationale-constituante ne pouvant pas, au commencement de ses séances, se livrer à la rédaction d'un code criminel entièrement nouveau ; mais pressée d'accorder à l'humanité les réformes qu'elle exigeoit sur l'ordonnance de 1670 : s'est occupée d'abord de cet objet. Ses décrets, relatifs à l'instruction criminelle, se partagent ainsi en deux classes. Les uns ne devoient être que provisoires, en attendant que le nouveau code criminel fût rédigé ; temporaires, n'ayant d'application qu'aux procès commencés avant l'institution des jurés. Les autres décrets sont définitifs, & établissent la forme actuelle de la procédure criminelle, pour tous les délits postérieurs au premier janvier 1791.

a iij

J'ai eu foin de diftinguer ces deux claffes de décrets. J'ai rapporté d'abord ceux qui ne contiennent que des réformes provifoires, & féparément enfuite ceux qui contiennent des difpofitions définitives. Les premiers font néceffaires encore aujourd'hui à connoître, parce que le jugement de tous les procès commencés avant l'inftitution des jurés n'eft pas prononcé.

La loi du 26 feptembre 1791, qui contient l'inftitution des jurés & les règles de la procédure criminelle actuelle, a été fuivie d'une inftruction qui forme un commentaire continu fur la loi : c'eft de ces deux pièces principalement & prefque uniquement que le code criminel eft compofé, dans la partie qui contient des difpofitions définitives & permanentes. J'y ai joint deux décrets de l'Affemblée nationale-légiflative. Comme il eft néceffaire qu'une collection fe termine à une époque fixe quelconque, il n'entre point dans mon plan de réunir la collection des décrets de l'Affemblée légiflative à celle des décrets de l'Affemblée conftituante : mais ceux que je fais imprimer ici ont une telle connexion avec la loi du 29 feptembre, qu'il auroit été extrémement incommode de ne pas les trouver dans le même volume avec cette loi. C'eft ce qui m'a déterminé à m'écarter dans ce cas particulier, de la règle que je me fuis prefcrite.

Aux Archives, le 11 Juin 1792, l'an quatrième de la Liberté. CAMUS.

TABLES CHRONOLOGIQUES

DES DÉCRETS

Contenus dans la troisième partie du Code judiciaire ou Code criminel.

PREMIERE TABLE,

Selon la date de la prononciation des décrets de l'Assemblée.

Décret des 8 & 9 octobre 1789, sur la réforme provisoire de la procédure criminelle, Page   1

Décret du 13 octobre 1789 (on a imprimé par erreur 1791), sur les recherches à faire contre les accusés, même dans les lieux privilégiés,   11

Décret du 14 octobre 1789 (on a imprimé par erreur

 Table des Décrets.

De la police de sûreté.

De la juftice criminelle & de l'inftitution des jurés.

SECONDE TABLE,

Selon la date des sanctions ou appositions du sceau, & par laquelle on indique vulgairement la date de la loi.

INDICATION des rapports & autres écrits publiés par les membres de l'Affemblée nationale, qui ont préparé les décrets formant le code criminel.

PREMIÈRE PARTIE.

Réforme provifoire de la procédure criminelle.

Rapport fait par M. Baumez, le 29 feptembre 1789, au nom du comité chargé de propofer un projet de déclaration fur quelques changemens provifoires dans l'ordonnance criminelle.

.CODE

CODE JUDICIAIRE,

TROISIÈME PARTIE:

OU

CODE CRIMINEL,

CONTENANT *les Décrets sur la pourfuite des crimes & des délits.*

SECTION PREMIÈRE.

DÉCRETS *antérieurs à l'inftitution des Jurés, & à l'établiffement de la Haute-Cour-Nationale, ou indépendans de ces inftitutions.*

DÉCRET *des* 8 & 9 *octobre* 1789,

Sanctionné par Lettres-Patentes en date du même mois, & promulgué le 3 novembre fuivant, fur la réforme provifoire de la procédure criminelle.

L'ASSEMBLÉE NATIONALE confidérant qu'un des principaux droits de l'homme, qu'elle a reconnus, eft celui de jouir, lorfqu'il eft foumis à l'épreuve d'une pourfuite criminelle, de toute l'étendue de liberté & de fûreté pour

Code criminel. A

sa défense, qui peut se concilier avec l'intérêt de la société qui commande la punition des délits; que l'esprit
& les formes de la procédure pratiquée jusqu'à présent
en matière criminelle, s'éloignent tellement de ce premier
principe de l'équité naturelle & de l'association politique,
qu'ils nécessitent une réforme entière de l'ordre judiciaire,
pour la recherche & le jugement des crimes; que si l'exécution de cette réforme entière exige la lenteur & la ma-
turité des plus profondes méditations, il est cependant possible de faire jouir dès-à-présent la nation de l'avantage
de plusieurs dispositions qui, sans subvertir l'ordre de procéder actuellement suivi, rassureront l'innocence & facili-
teront la justification des accusés, en même-temps qu'elles
honoreront davantage le ministère des juges dans l'opinion
publique, a arrêté & décrété les articles qui suivent :

Il faut ajouter aux articles qui vont suivre, ceux qui forment
le décret du 22 avril 1790, concernant les adjoints.

ARTICLE PREMIER.

Dans tous les lieux où il y a un ou plusieurs tribunaux
établis, la municipalité, & en cas qu'il n'y ait pas de municipalité, la communauté d'habitans nommera un nombre
suffisant de notables, eu égard à l'étendue du ressort, parmi
lesquels seront pris les adjoints qui assisteront à l'instruction des procès criminels, ainsi qu'il va être dit ci-après.

ART. II.

Ces notables seront choisis parmi les citoyens de bonnes
mœurs & de probité reconnue. Ils devront être âgés de
vingt cinq ans au moins, & savoir signer. Leur élection
sera renouvelée tous les ans. Ils prêteront serment à la
commune, entre les mains des officiers municipaux, ou
du syndic, ou de celui qui la préside, de remplir fidèlement leurs fonctions, & sur-tout de garder un secret

inviolable fur le contenu de la plainte , & des autres actes de la procédure. La lifte de leurs noms, qualités & demeures , fera dépofée , dans les trois jours , aux greffes des tribunaux , par le greffier de la municipalité , ou de la communauté.

Voyez l'article 4 du décret du 22 avril 1790 , qui déclare qu'on ne fera pas contraint d'accepter cette fonction honorable.

A r t. I I I.

Aucune plainte ne pourra être préfentée au juge qu'en préfence de deux adjoints amenés par le plaignant, & par lui pris à fon choix. Il fera fait mention de leur préfence & de leurs noms dans l'ordonnance qui fera rendue fur la plainte , & ils figneront avec le juge , à peine de nullité.

A r t. I V.

Les procureurs-généraux & les procureurs du roi ou fifcaux qui accuferont d'office, feront tenus de déclarer, par acte féparé de la plainte, s'ils ont un dénonciateur ou non, à peine de nullité ; & s'ils ont un dénonciateur, ils déclareront en même-temps fon nom , fes qualités & fa demeure, afin qu'il foit connu du juge & des adjoints à l'information, avant qu'elle foit commencée.

A r t. V.

Les procès-verbaux de l'état des perfonnes bleffées ou du corps mort, ainfi que du lieu où le délit aura été commis , & des armes, hardes & effets qui peuvent fervir à conviction ou à décharge, feront dreffés en préfence de deux adjoints appelés par le juge, fuivant l'ordre du tableau mentionné en l'article 2 ci-deffus, qui pourront lui faire leurs obfervations, dont fera fait mention, & qui figneront ces procès-verbaux, à peine de nullité. Dans

le cas où le lieu du délit feroit à une trop grande diftance du chef-lieu de la jurifdiction, les notables nommés
dans le chef-lieu pourront être suppléés dans la fonction
d'adjoints aux procès-verbaux, par les membres de la
municipalité ou de la communauté du lieu du délit, pris,
en pareil nombre, par les juges d'inftruction.

A r t. V I.

L'information qui précédera le décret, continuera d'être
faite fecrètement, mais en préfence de deux adjoints, qui
feront également appelés par le juge, & qui affifteront à
l'audition des témoins.

Voyez l'article 7 du décret du 22 avril 1790 fur le cas de la
parenté des adjoints avec les parties. Sur la place où ils doivent
être affis, voyez l'article 8.

A r t. V I I.

Les adjoints feront tenus en leur ame & confcience de
faire aux juges les obfervations, tant à charge qu'à décharge, qu'ils trouveront néceffaires pour l'explication des
dires des témoins, ou l'éclairciffement des faits dépofés ;
& il en fera fait mention dans le procès-verbal d'information, ainfi que des réponfes des témoins. Le procès-
verbal fera cote & figné à toutes les pages par les deux
adjoints, ainfi que par le juge, à l'inftant même & fans
défemparer, à peine de nullité : il en fera également
fait une mention exacte, à peine de faux.

A r t. V I I I.

Dans le cas d'une information urgente, qui fe feroit
fur le lieu même pour flagrant délit, les adjoints pourront,
en cas de neceffité, être remplacés par deux principaux
habitans, qui ne feront pas dans le cas d'être entendus

comme témoins, & qui prêteront fur-le-champ ferment devant le juge d'inftruction.

Pour le cas où ils ne fe trouveroient pas à un jour indiqué, voyez l'article 5 du décret du 22 avril 1790.

A R T. I X.

Les décrets d'ajournement perfonnel, de prife-de-corps, ne pourront plus être prononcés que par trois juges au moins, ou par un juge & deux gradués; & les commif-faires des cours fupérieures qui feront autorifés à décréter, dans le cours de leur commiffion, ne pourront le faire qu'en appelant deux juges du tribunal du lieu, ou, à leur défaut, des gradués. Aucun décret de prife-de-corps ne pourra déformais être prononcé contre les domici-liés, que dans le cas où, par la nature de l'accufation & des charges, il pourroit écheoir peine corporelle. Pourront néanmoins les juges faire arrêter fur-le-champ, dans le cas de flagrant délit ou de rebellion à juftice.

Sur la prononciation des décrets, voyez l'article 1 du décret du 22 avril 1790; fur la liberté qu'on doit laiffer aux miniftres de la juftice d'exécuter ces décrets, voyez le décret du 22 jan-vier 1790.

A R T. X.

L'accufé, décrété de prife-de-corps pour quelque crime que ce foit, aura le droit de choifir un ou plufieurs confeils, avec lefquels il pourra conférer librement, en tout état de caufe; & l'entrée de la prifon fera toujours permife auxdits confeils. Dans le cas où l'accufé ne pourroit pas en avoir par lui-même, le juge lui en nom-mera un d'office, à peine de nullité.

A R T. X I.

Auffitôt que l'accufé fera conftitué prifonnier, ou fe

fera préfenté fur les décrets d'affigné pour être ouï, ou d'ajournement perfonnel, tous les actes de l'inftruction feront faits contradictoirement avec lui, publiquement & les portes de la chambre d'inftruction étant ouvertes. Dès ce moment, l'affiftance des adjoints ceffera.

Voyez l'article 3 du décret du 22 avril 1790.

A r t. XII.

Dans les vingt-quatre heures de l'emprifonnement de l'accufé, le juge le fera paroître devant lui, lui fera lire la plainte, la déclaration du nom du dénonciateur, s'il y en a ; les procès-verbaux ou rapports, & l'information. Il lui fera repréfenter auffi les effets dépofés pour fervir à l'inftruction ; il lui demandera s'il a choifi, ou s'il entend choifir un confeil, ou s'il veut qu'il lui en foit nommé un d'office. En ce dernier cas, le juge nommera le confeil, & l'interrogatoire ne pourra être commencé que le jour fuivant. Pour cet interrogatoire & pour tous les autres, le ferment ne fera plus exigé de l'accufé. Il ne le prêtera, pendant tout le cours de l'inftruction, que dans le cas où il voudroit alléguer des reproches contre les témoins.

A l'égard des contumaces, voyez l'article 9 du décret du 22 avril 1790.

A r t. XIII.

Il en fera ufé de même à l'égard des accufés qui comparoîtront volontairement fur un décret d'affigné pour être ouis, ou d'ajournement perfonnel.

A r t. XIV.

Après l'interrogatoire, la copie de toutes les pièces de la procédure, fignée du greffier, fera délivrée fans frais à l'accufé, fur papier libre, s'il la requiert ; & fon confeil aura le droit de voir les minutes, ainfi que les effets dépofés pour fervir à l'inftruction.

Relativement au cas où il y auroit plufieurs accufés, voyez l'article 10 du décret du 22 avril 1790.

A r t. X V.

La continuation & les additions d'information, qui auront lieu pendant la détention de l'accufé depuis fon décret, feront faites publiquement & en fa préfence, fans qu'il puiffe interrompre le témoin pendant le cours de fa dépofition.

A r t. X V I.

Lorfque la dépofition fera achevée, l'accufé pourra faire faire au témoin, par l'organe du juge, les obfervations & interpellations qu'il croira utiles pour l'éclairciffement des faits rapportés, ou pour l'explication de la dépofition. La mention, tant des obfervations de l'accufé, que des réponfes du témoin, fera faite ainfi qu'il fe pratique à la confrontation ; mais les aveux, variations ou rétractations du témoin, en ce premier inftant, ne le feront pas réputer faux témoin.

Voyez l'article 12 du décret du 22 avril 1790.

A r t. X V I I.

Les procès criminels ne pourront plus être réglés à l'extraordinaire que par trois juges au moins. Lorfqu'ils auront été ainfi réglés, il fera publiquement, & en préfence de l'acccufé ou des accufés, procédé d'abord au récolement des témoins, & de fuite à leur confrontation. Il en fera ufé de même par rapport au récolement des accufés, fur leur interrogatoire, & à leur affrontation entre eux. Les reproches contre les témoins pourront être proposés & prouvés en tout état de cause, tant après qu'avant la connoissance des charges ; & l'accusé sera admis à les prouver, si les juges les trouvent pertinens & admissibles.

A r t. X V I I I.

Le conseil de l'accusé aura le droit d'être présent à tous les actes de l'instruction, sans pouvoir y parler au nom de l'accusé, ni lui suggérer ce qu'il doit dire ou répondre, si ce n'est dans le cas d'une nouvelle visite ou rapport quelconque, lors desquels il pourra faire ses observations, dont mention sera faite dans le procès-verbal.

A r t. X I X.

L'accusé aura le droit de proposer, en tout état de cause, ses défenses, faits justificatifs ou d'atténuation ; & la preuve sera reçue de tous ceux qui seront jugés pertinens, & même du fait de démence, quoiqu'ils n'aient point été articulés par l'accusé dans son interrogatoire & autres actes de la procédure. Les témoins que l'accusé voudra produire, sans être tenu de les nommer sur-le-champ, seront entendus publiquement, & pourront l'être en même-temps que ceux de l'accusateur, sur la continuation ou addition d'information.

A r t. X X.

Il sera libre à l'accusé, soit d'appeler ses témoins à sa requête, soit de les indiquer au ministère public, pour qu'il les fasse assigner ; mais, dans l'un ou dans l'autre cas, il sera tenu de commencer ses diligences, ou de fournir l'indication de ses témoins, dans les trois jours de la signification du jugement qui aura admis la preuve.

A r t. X X I.

Le rapport du procès fera fait par un des juges ; les conclufions du miniftère public données enfuite & motivées ; le dernier interrogatoire prêté, & le jugement prononcé : le tout à l'audience publique. L'accufé ne comparoîtra à cette audience qu'au moment de l'interrogatoire, après lequel il fera reconduit, s'il eft prifonnier ; mais fon confeil pourra être préfent pendant la féance entière, & parler pour fa défenfe après le rapport fini, les conclufions données, & le dernier interrogatoire prêté. Les juges feront tenus de fe retirer enfuite à la chambre du confeil, d'y opiner fur délibéré, & de reprendre incontinent leur féance publique pour la prononciation du jugement.

A r t. X X I I.

Toute condamnation à peine afflictive ou infamante, en première inftance ou en dernier reffort, exprimera les faits pour lefquels l'accufé fera condamné, fans qu'aucun juge puiffe jamais employer la formule *pour les cas réfultans du procès.*

A r t. X X I I I.

Les perfonnes préfentes aux actes publics de l'inftruction criminelle, fe tiendront dans le filence & le refpect dû au tribunal, & s'interdiront tout figne d'approbation & d'improbation, à peine d'être emprifonnées fur-le-champ par forme de correction, pour le temps qui fera fixé par le juge, & qui ne pourra cependant excéder huitaine, ou même pourfuivies extraordinairement, en cas de troubles ou d'indécence grave.

Voyez dans le code de la police, ou cinquième partie du code judiciaire, le décret du 28 février 1791.

A r t. X X I V.

L'usage de la sellette au dernier interrogatoire, & la question dans tous les cas, sont abolis.

A r t. X X V.

Aucune condamnation à peine afflictive ou infamante ne pourra être prononcée qu'aux deux tiers des voix; & la condamnation à mort ne pourra être prononcée par les juges, en dernier ressort, qu'aux quatre cinquièmes.

Sur la peine de mort & sur celle de la marque, voyez le décret des 26 & 27 septembre 1791.

A r t. X X V I.

Tout ce qui précède sera également observé dans les procès poursuivis d'office, & dans ceux qui seront instruits en première instance dans les cours supérieures. La même publicité y aura lieu pour le rapport, les conclusions, le dernier interrogatoire, le plaidoyer du défenseur de l'accusé, & le jugement, dans les procès criminels qui y sont portés par appel.

A r t. X X V I I.

Dans les procès commencés, les procédures déja faites subsisteront; mais il sera procédé au surplus de l'instruction & au jugement, suivant les formes prescrites par le présent décret, à peine de nullité.

A r t. X X V I I I.

L'ordonnance de 1670, & les édits, déclarations & règlemens concernant la matière criminelle, continueront d'être observés en tout ce qui n'est pas contraire au présent décret, jusqu'à ce qu'il en ait été autrement ordonné.

DÉCRET du 1ʒ octobre 1791,

Sur les recherches à faire contre les accufés, même dans les lieux privilégiés.

L'Affemblée nationale, d'après le compte qui lui a été rendu par fon comité des recherches, fur les fuites d'une affaire où la sûreté & la tranquillité publiques font intéreffées, & dans laquelle il y a des perquifitions à continuer, a déclaré & déclare que dans tous les cas où le falut de l'état eft compromis, il n'y a point de lieux privilégiés.

DÉCRET du 14 octobre 1791,

Qui attribue au châtelet la connoiffance des crimes de lèfenation.

L'Affemblée nationale a décrété que le châtelet de Paris fera provifoirement autorifé à informer, décréter & inftruire, conformément aux décrets de l'Affemblée des 8 & 9 octobre, contre tous prévenus & accufés du crime de lèfe-nation, jufqu'à jugement définitif exclufivement.

Voyez le décret fuivant, & voyez ci-devant p. 1, le décret des 8 & 9 octobre ; il règle la forme de l'inftruction.

EXTRAIT du décret du 21 octobre 1789,

Promulgué le 3 novembre suivant,

Sur la tranquillité publique.

L'Affemblée nationale décrète que le comité de conftitution propofera, lundi prochain, à l'Affemblée, un plan pour l'établiffement d'un tribunal chargé de juger les crimes de lèfe - nation (1); & que provifoirement, & jufqu'à ce que ce tribunal ait été établi par l'Affemblée nationale, le châtelet de Paris eft autorifé à juger en dernier reffort les prévenus & accufés de crime de lèfenation; & que le préfent décret qui lui donne cette commiffion, fera préfenté à la fanction royale.

Voyez le décret précédent, du 14 octobre; & celui du 25 octobre 1790, qui révoque l'attribution donnée au châtelet.
Voyez auffi celui du 12 janvier 1790, qui fuit immédiatement, fur les renvois à faire au châtelet, après la première information.

DÉCRET du 12 janvier 1790,

Sanctionné le 16,

Qui autorife tous juges ordinaires à informer de tous crimes, fauf le renvoi au châtelet des crimes de lèfenation.

L'Affemblée nationale déclare que nonobftant toute attribution, tous juges ordinaires peuvent & doivent informer de tous crimes de quelque nature qu'ils foient,

---

(1) Le rapport demandé au comité n'a pas eu lieu.

& quelle que foit la qualité des accufés ou prévenus, même décréter fur l'information, & interroger les accufés : fauf enfuite le renvoi au châtelet de ceux dont la connoiſſance lui eſt particulièrement & provifoirement attribuée.

Attribuée au châtelet par les décrets des 14 & 21 octobre 1789, qui viennent d'être rapportés.

Décret du 21 janvier 1790,

Sanctionné par lettres-patentes, datées du même mois,

Sur la punition des coupables, & fur les fuites de cette punition.

L'Aſſemblée nationale a décrété & décrète ce qui fuit :

Article premier.

Les délits du même genre feront punis par le même genre de peine, quels que foient le rang & l'état des coupables.

Art. II.

Les délits & les crimes étant perfonnels, le fupplice d'un coupable, & les condamnations infamantes quelconques n'impriment aucune flétriſſure à fa famille. L'honneur de ceux qui lui appartiennent n'eſt nullement entaché; & tous continueront d'être admiſſibles à toutes fortes de profeſſions, d'emplois & de dignités.

Art. III.

La confiſcation des biens des condamnés ne pourra jamais être prononcée dans aucun cas.

A r t.   I V.

Le corps du supplicié sera délivré à sa famille, si elle le demande. Dans tous les cas, il sera admis à la sépulture ordinaire, & il ne sera fait sur le regiftre aucune mention du genre de mort.

Arrête en outre, que les quatre articles ci-deffus feront préfentés inceffamment à la fanction royale, pour être envoyés aux tribunaux, corps adminiftratifs & municipalités.

Voyez fur les genres de peine à infliger, le décret des 26 & 27 feptembre 1791.

D é c r e t du 22 janvier 1790,

Sur l'empêchement que le diftrict des cordeliers, à Paris, avoit mis à l'exécution d'un décret de prife-de-corps.

L'Affemblée nationale décrète que fon préfident écrira au diftrict des cordeliers, pour l'avertir qu'il fe méprend fur les principes qui intéreffent la fociété; que les jugemens rendus par les tribunaux doivent être exécutés; que perfonne ne peut y porter obftacle; & qu'ainfi la délibération que le diftrict a prife, de mettre un *vifa* fur les jugemens portant prife-de-corps, qui doivent s'exécuter dans l'étendue de fon territoire, a, contre fon intention, l'effet de bleffer l'ordre public, & de renverfer les principes. L'Affemblée nationale attend du patriotifme du diftrict des cordeliers, qu'il aidera l'exécution du jugement, loin d'y porter obftacle.

Décret du 6 mars 1790,

Sanctionné par lettres-patentes du 7,

Pour furfeoir à l'exécution de tous jugemens prévôtaux.

L'Affemblée nationale ajourne la motion fur la fuppreffion des jurifdictions prévôtales; & cependant charge fon préfident de fe retirer à l'inftant pardevers le roi, à l'effet de fupplier fa majefté de donner les ordres convenables pour qu'il foit furfis à l'exécution de tous jugemens définitifs, rendus par ces tribunaux.

Voyez les décrets des 18, 30 mars, 15, 20 avril & 24 décembre 1790.

Décret du 16 mars 1790,

Sanctionné le 26,

Concernant les perfonnes détenues en vertu de lettres-decachet, ou d'ordres arbitraires.

L'Affemblée nationale étant enfin arrivée au moment heureux d'anéantir les ordres arbitraires, de détruire les prifons illégales, & de déterminer une époque fixe pour l'élargiffement des prifonniers qui s'y trouvent renfermés, à quelque titre, ou fous quelque prétexte qu'ils y aient été conduits :

Confidérant la néceffité de donner le temps aux parens ou aux amis de ceux qui font encore détenus, de concerter les arrangemens qu'ils croiront devoir prendre, à l'effet de leur affurer une fituation convenable & tranquille, & de pourvoir à leur fubfiftance;

Confidérant encore que, parmi les prifonniers enfermés

en vertu d'ordres arbitraires, il en eſt qui ont été préalablement jugés en première inſtance, ou qui ſont ſeulement
décrétés de priſe-de-corps, ou contre leſquels il a été rendu
plainte en juſtice, & dreſſé des procès-verbaux tendans à
conſtater un corps de délit; enfin, qu'il s'en trouve quelques-
uns que leur famille a déférés à l'adminiſtration comme
coupables de faits très-graves que l'on a cru certains &
ſuffiſamment avérés;

Conſidérant qu'il eſt juſte de tenir compte des rigueurs
d'une longue détention, à ceux même qui ſeroient reconnus
coupables de crimes capitaux, & d'allier à leur égard les
ménagemens inſpirés par l'humanité, à l'exactitude que la
juſtice, l'intérêt de la ſociété & celui des individus forcent
à porter dans la recherche, la condamnation & la punition
des délits conſtans, régulièrement pourſuivis & complètement prouvés;

Conſidérant, enfin, qu'il eſt néceſſaire de prolonger la
détention de ceux qui ſont enfermés pour cauſe de folie,
aſſez long-temps pour connoître s'ils doivent être mis en liberté, ou ſoignés dans des hôpitaux établis, inſpectés & di-
rigés avec cette vigilance, cette prudence & cette humanité
qu'exige leur triſte ſituation, a décrété & décrète ce qui
ſuit :

Article premier.

Dans l'eſpace de ſix ſemaines après la publication du
préſent décret, toutes les perſonnes détenues dans les châ-
teaux, maiſons religieuſes, maiſons de force, maiſons de
police, ou autres priſons quelconques, par lettre-de-cachet,
ou par ordre des agens du pouvoir exécutif, à moins qu'elles
ne ſoient légalement condamnées ou décrétées de priſe-
de-corps, qu'il n'y ait eu plainte en juſtice, portée contre
elles pour raiſon de crimes emportant peine afflictive; ou
que leurs père, mère, aïeul ou aïeule, ou autres parens
réunis, n'aient ſollicité & obtenu leur détention, d'après
des mémoires & demandes appuyés ſur des faits très-graves;

ou

ou enfin qu'elles ne foient renfermées pour caufe de folie, feront remifes en liberté.

Art. II.

L'Affemblée nationale n'entend comprendre dans la dif-pofition du précédent article, les mendians & vagabonds enfermés à temps, en vertu de fentence d'un juge, ou fur l'ordre des officiers de police, & autres ayant caractère pour l'exécution des règlemens relatifs à la mendicité & à la sûreté publique, à l'égard defquels il n'eft rien innové quant-à-préfent.

Art. III.

Ceux qui, fans avoir été jugés en dernier reffort, au-roient été condamnés en première inftance, ou feulement décrétés de prife-de-corps, comme prévenus de crimes ca-pitaux, feront conduits dans les prifons des tribunaux dé-fignés par le roi, pour y recevoir leur jugement définitif.

Art. IV.

A l'égard des perfonnes non décrétées, contre lefquelles il y aura plainte rendue en juftice, d'après une procédure tendante à conftater un corps de délit, elles feront également jugées, mais dans le cas feulement où elles le demande-roient; & alors, elles ne pourront fortir de prifon qu'en vertu d'une fentence d'élargiffement. Dans le cas où elles renon-ceroient à fe faire juger, l'ordre de leur détention fera exé-cuté pour le temps qui refte à courir, de manière toutefois que fa durée n'excède pas fix années.

Art. V.

Les prifonniers qui devront être jugés en vertu des ar-ticles précédens, & qui feront condamnés comme cou-

Code criminel.   **B**

pables de crimes, ne pourront fubir une peine plus févère
que quinze années de prifon, excepté dans le cas d'affaffinat,
de poifon ou d'incendie, où la détention à perpétuité pourra
être prononcée : mais dans ce cas même, les juges ne pourront prononcer la peine de mort, ni celle des galères perpétuelles.

Dans les quinze années de prifon, feront comptées celles
que les prifonniers ont déja paffées dans les maifons où ils
font détenus.

A r t. V I.

Quant à ceux qui ont été renfermés fur la demande de
leur famille, fans qu'aucun corps de délit ait été conftaté
juridiquement, fans même qu'il y ait eu de plainte portée
contre eux en juftice, ils obtiendront leur liberté, fi, dans
le délai de trois mois, aucune demande n'eft préfentée aux
tribunaux, pour raifon des cas à eux imputés.

A r t. V I I.

Les prifonniers qui ont été légalement condamnés à
une peine afflictive, autre toutefois que la mort, les galères
perpétuelles, ou le banniffement à vie, & qui n'ayant point
obtenu de lettres de commutation de peine, fe trouvent
renfermés en vertu d'un ordre illégal, garderont prifon
pendant le temps fixé par l'ordre de leur détention, à
moins qu'ils ne demandent eux-mêmes à fubir la peine
à laquelle ils avoient été condamnés par jugement en
dernier reffort ; & cependant aucune détention ne pourra
jamais, dans le cas exprimé au préfent article, excéder le
terme de dix années, y compris le temps qui s'eft déja
écoulé depuis l'exécution de l'ordre illégal.

A r t. V I I I.

Ceux qui feront déchargés d'accufation, recouvreront

fur-le-champ leur liberté, fans qu'il foit befoin d'aucun ordre nouveau, & fans qu'il puiffe être permis de les retenir, fous quelque prétexte que ce foit.

A r t. I X.

Les perfonnes détenues pour caufe de démence, feront, pendant l'efpace de trois mois, à compter du jour de la publication du préfent décret, à la diligence des pro-cureurs du roi, interrogées par les juges dans les formes ufitées; & en vertu de leurs ordonnances, vifitées par les médecins qui, fous la furveillance des directoires des diftricts, s'expliqueront fur la véritable fituation des ma-lades, afin que d'après la fentence qui aura ftatué fur leur état, ils foient élargis, ou foignés dans les hôpitaux qui feront indiqués à cet effet.

A r t. X.

Les ordres arbitraires emportant exil, & tous autres de même nature, ainfi que toutes lettres-de-cachet, font abolis; & il n'en fera plus donné à l'avenir. Ceux qui en ont été frappés, font libres de fe tranfporter par-tout où ils le jugeront à propos.

Voyez l'acte conftitutionnel, t. III, chap. 5, art. 10 & 16.

A r t. X I.

Les miniftres feront tenus de donner aux citoyens ci-devant enfermés ou exilés, la communication des mé-moires & inftructions fur lefquels auront été décernés contre eux les ordres illégaux qui ceffent par l'effet du préfent décret.

A r t. X I I.

Les mineurs feront renvoyés à leurs pères & mères;

tuteurs ou curateurs , au moment de leur fortie de prifon. Les affemblées de diftrict pourvoiront à ce que les religieux ou autres perfonnes qui , à raifon de leur fexe , de leur âge ou de leurs infirmités, ne pourroient fe rendre fans dépenfe à leur domicile ou auprès de leurs parens , reçoivent en avance , fur les deniers appartenans au régime de la maifon où ils étoient renfermés , ou fur les caiffes publiques du diftrict , la fomme qui fera jugée néceffaire & indifpenfable pour leur voyage , fauf à répéter ladite fomme fur le couvent dont les religieux étoient profès , ou fur leurs familles , ou fur les fonds du domaine.

A r t. X I I I.

Les officiers municipaux veilleront à ce que les perfonnes mifes en liberté , qui fe trouveroient fans aucune reffource , puiffent obtenir du travail dans les atteliers de charité déja établis, ou qui feront établis à l'avenir.

A r t. X I V.

Dans le délai de trois mois , il fera dreffé par les commandans de chaque fort ou prifon d'état , fupérieurs de maifon de force, ou maifons religieufes, par tous détenteurs de prifonniers en vertu d'ordres arbitraires, un état de ceux qui auront été élargis, interrogés & vifités, renvoyés pardevant les tribunaux, ou qui garderont encore prifon en vertu du préfent décret. Cet état fera dreffé fans frais , & certifié.

A r t. X V.

Cet état fera dépofé aux archives du diftrict, & il en fera envoyé des doubles en forme , fignés du préfident & du fecrétaire , aux archives du département, d'où ils feront adreffés au miniftre du roi, pour être communiqués à l'Affemblée nationale.

Art. XVI.

L'Assemblée nationale rend les commandans des prisons d'état, les supérieurs des maisons de force & maisons religieuses, & tous les détenteurs de prisonniers enfermés par ordre illégal, responsables, chacun en ce qui les touche, de l'exécution du présent décret; & elle charge spécialement les tribunaux de justice, les assemblées administratives de département & de district d'y tenir la main, chacun en ce qui les concerne.

DÉCRET du 18 mars 1790,

Sanctionné le 30,

Interprétatif de celui du 6 mars, concernant le sursis des jugemens prévôtaux.

L'Assemblée nationale déclare qu'elle n'a pas entendu comprendre dans la disposition de son décret concernant le sursis des jugemens définitifs émanés des jurisdictions prévôtales, les jugemens d'absolution, & ceux qui prononcent un plus ample informé, avec la clause de liberté & élargissement provisoire.

Voyez le décret du 6 mars, rapporté ci-devant, & les autres décrets qui y sont indiqués.

Décret du 30 mars 1790,

Sanctionné le 3 avril,

Qui ordonne l'élargissement des personnes condamnées par des jugemens prévôtaux à des peines autres que des peines afflictives.

L'Assemblée nationale a décrété & décrète :

Que les accusés qui auroient été ou qui seroient condamnés par des jugemens prévôtaux à quelques peines, autres toutefois que des peines afflictives, seront provisoirement élargis ; à la charge par eux de se représenter quand ils en seront requis, pour subir leurs jugemens s'il y échet, après la main-levée du sursis ordonné par son précédent décret ; à la charge, en outre, de donner caution des condamnations pécuniaires prononcées contre eux au profit des parties civiles, s'il y en a.

Voyez le décret immédiatement précédent, & celui du 6 mars 1790, avec les autres décrets qui sont indiqués sur ce dernier.

Décret du 15 avril 1790,

Sanctionné le 20,

Qui excepte les prévôts de la marine des dispositions du décret du 6 mars 1790.

L'Assemblée nationale déclare que son décret du 6 mars, concernant les jugemens définitifs émanés des jurisdictions prévôtales, ne s'étend point aux prévôts de la marine, dont la jurisdiction & les fonctions sont conservées jusqu'à ce que l'Assemblée nationale en ait ordonné autrement.

Voyez les deux décrets qui précèdent immédiatement ; & celui du 6 mars 1790, avec les décrets indiqués sur ce dernier.

DÉCRET du 20 avril 1790,

Sanctionné le 23,

Qui excepte la prévôté de l'hôtel des difpofitions du décret du 6 mars 1790.

L'Affemblée nationale déclare que fon décret du 6 mars dernier, concernant les jugemens définitifs, émanés des juftices prévôtales, ne s'étend point à la prévôté de l'hôtel, dont les fonctions font confervées jufqu'à ce que l'Affemblée en ait autrement ordonné.

Voyez ci-devant le décret du 6 mars & les décrets indiqués à fon fujet, enfemble les décrets qui précèdent immédiatement.

DÉCRET du 22 avril 1790,

Sanctionné le 25,

Concernant la réforme de la procédure criminelle, & principalement les fonctions des adjoints & du confeil de l'accufé.

L'Affemblée nationale, ouï le rapport à elle fait par fon comité, du mémoire remis par M. le garde-des-fceaux, & de plufieurs autres adreffes concernant des difficultés élevées fur l'exécution de fon décret des 8 & 9 octobre dernier, touchant la réformation provifoire de l'ordonnance criminelle : confidérant combien il importe qu'une loi fi effentielle à la fûreté publique & à la liberté individuelle foit uniformément conçue & exécutée par ceux qui font chargés de l'appliquer, a décrété & décrète ce qui fuit :

Voyez ci-devant le décret des 8 & 9 octobre 1789.

B 4

ARTICLE PREMIER.

Les adjoints doivent être appelés au rapport des procédures fur lefquelles interviendront les décrets.

ART. II.

Les adjoints qui affifteront au rapport, ne pourront interrompre le rapporteur ; mais avant de fe retirer, ils pourront faire aux juges toutes les obfervations qui, pour l'éclairciffement des faits, leur paroîtront convenables.

ART. III.

La préfence des adjoints aura lieu dans tous les cas, jufqu'à ce que les accufés ou l'un d'eux ayent fatisfait au décret, ou que le jugement de défaut ait été prononcé contre eux ou l'un d'eux ; & après cette époque, le furplus de la procédure fera fait publiquement, tant à l'égard des accufés préfens, qu'à l'égard des accufés abfens ou contumaces.

Voyez l'article 11 du décret des 8 & 9 octobre 1790.

ART. IV.

Nul citoyen ne fera contraint d'accepter la fonction honorable de repréfenter la commune en qualité d'adjoint.

Voyez fur le cas de la parenté, l'article 7 ci-deffous.

ART. V.

Les juges ou les officiers du miniftère public feront notifier par un écrit figné d'eux, au greffe des municipalités, l'heure à laquelle ils devront procéder aux actes pour lefquels ils requièrent l'assistance des adjoints ; & les municipalités seront chargées de pourvoir à ce qu'il se trouve toujours des notables disposés à remplir cette fonction.

A R T. V I.

Si les adjoints ou l'un d'eux ne se trouvent pas, à l'heure indiquée, à l'acte de procédure auquel ils auront été requis d'assister, le juge, pour procéder audit acte, sera tenu de nommer en leur place un ou deux d'entre les notables du conseil de la commune ; & s'ils ne comparoissent pas, le juge passera outre à la confection dudit acte, en faisant mention de sa réquisition, de l'absence des adjoints ou de l'un d'eux, de la nomination supplétoire par lui faite, & de la non comparution des notables du conseil de la commune : ladite mention à peine de nullité.

A R T. V I I.

Les adjoints qui seront parens ou alliés des parties jusqu'au quatrième degré inclusivement, seront tenus de se récuser. Lorsqu'un adjoint comparoîtra pour la première fois dans une procédure, le juge sera tenu de l'avertir de cette obligation, & de lui déclarer les noms, surnoms & qualités des plaignans, ainsi que de ceux des accusés qui se trouveront dénommés dans la plainte, à peine de nullité ; sans que néanmoins on puisse déclarer nul l'acte auquel des parens, avertis par le juge, auroient assisté comme adjoints, en dissimulant leur qualité, ou faute d'avoir su qu'ils fussent parens de l'une ou l'autre des parties. La parenté des adjoints, avec les officiers du ministère public, n'est point une cause de récusation.

A R T. V I I.

Lorsqu'un acte d'instruction ne se fera que par le juge

feul, accompagné du greffier, les adjoints qui y affifteront prendront féance après le juge, au même bureau . Si l'acte fe fait en la chambre du confeil, & le tribunal affemblé, les adjoints prendront féance au banc du miniftère public, & après lui.

A r t. X I X.

Il ne fera donné aucun confeil à l'accufé ou aux accufés, contumaces ou abfens.

A r t. X.

Il ne fera délivré par le greffier qu'une feule copie, fans frais, fur papier libre, de toute la procédure, quand bien même il y auroit plufieurs accufés qui requerroient ladite copie ; & elle fera remife au confeil de l'accufé ou à l'ancien d'âge des confeils, s'il y en a plufieurs. Pourront néanmoins les autres accufés fe faire expédier telles copies qu'ils voudront en payant les frais d'expédition.

A r t. X L

Lorfqu'il y aura un ou plufieurs accufés, chacun d'eux fera interrogé féparément ; & il ne fera pas donné copie des interrogatoires fubis par les autres à ceux qui feront interrogés les derniers, fi ce n'eft après qu'ils auront eux-mêmes fubi leur interrogatoire.

Voyez l'article 14 du décret des 8 & 9 octobre 1789.

A r t. X I I.

L'accufé, ni fon confeil, ne pourront dans l'information, adreffer ni faire adreffer aucune interpellation au témoin ; mais lors de la confrontation, l'accufé ou fon confeil qui auront remarqué dans la dépofition du témoin, ou dans ſes déclarations, quelque circonſtance propre à éclaircir le fait, ou à juſtifier l'innocence de l'accuſé, pourront requérir le juge de faire à ce ſujet au témoin toutes les interpellations convenables; & néanmoins l'accuſé ni ſon conſeil ne pourront, en aucun cas, adreſſer directement au témoin aucune interpellation.

A ʀ ᴛ. X I I I.

Le décret des 8 & 9 octobre dernier concernant la réformation proviſoire de la procédure criminelle, non plus que le préſent décret, n'auront aucune application au cas où le titre d'accuſation ne pourra conduire à une peine afflictive ou infamante.

A ʀ ᴛ. X I V.

A l'avenir tous les procès de petit criminel ſeront portés & jugés à l'audience, & ne pourront en aucun cas être réglés à l'extraordinaire, à quelque ſomme que les dommages & intérêts paroiſſent devoir s'élever en définitif, dérogeant à toutes lois & règlemens à ce contraires.

Exᴛʀᴀɪᴛ du décret du 19 Septembre 1790,

Sanctionné le 27,

Sur le paiement des pourſuites criminelles, &c.

L'Aſſemblée nationale décrète ce qui ſuit:

Aʀᴛɪᴄʟᴇ ᴘʀᴇᴍɪᴇʀ.

Les frais des pourſuites criminelles faites à la requête des procureurs du roi ou d'office, depuis la publication des lettres-patentes du 3 novembre 1789, intervenues fur les décrets des 4, 6, 7, 8 & 11 août précédent, font à la charge du tréfor-public. En conféquence, les receveurs des domaines continueront provifoirement de fournir les deniers néceffaires auxdites pourfuites, fur les taxes faites aux témoins par les juges, & fur les exécutoires par eux décernés, après néanmoins que les directoires de département les auront vérifiés & vifés dans la même forme que le faifoient ci-devant les commiffaires départis.

Les lettres-patentes du 3 novembre 1789, font celles qui portent la promulgation des arrêtés du 4 août, rédigés le 11 ; arrêtés dont on fait que l'un des principaux objets a été la deftruction du *régime féodal.*

DÉCRET du 25 octobre 1790,

Sanctionné le 31,

Qui révoque l'attribution donnée au châtelet de Paris, de juger les crimes de lèfe-nation.

L'Affemblée nationale décrète que l'attribution donnée au châtelet, de juger les crimes de lèfe-nation, eft révoquée ; & dès ce moment, toutes procédures faites à cet égard par ce tribunal, font & demeurent fufpendues.

Voyez les décrets du 14 & du 21 octobre 1790, qui contiennent l'attribution révoquée par celui-ci. Voyez auffi le décret d'établiffement de la cour provifoire d'Orléans, du 5 mars 1791.

Décret du 1er. décembre 1790,

Sanctionné le 5 du même mois,

Sur l'établissement d'un tribunal provisoire pour le jugement des affaires criminelles pendantes au ci-devant parlement de Paris.

L'Assemblée nationale, ouï le rapport de son comité de jurisprudence criminelle, prenant en considération l'état actuel des prisonniers de la ville de Paris, décrète que provisoirement, & en attendant l'installation des tribunaux des six arrondissemens du département de Paris, les juges qui font & qui vont être nommés par les électeurs du département de Paris, autres que ceux qui font députés à l'Assemblée nationale, formeront un tribunal pour juger les affaires criminelles feulement, venues par appel du châtelet ou des autres sièges du ressort du ci devant parlement, & par préférence les prisonniers qui font fous un plus amplement informé dont le terme est expiré.

Ce tribunal jugera au nombre de dix.

Il commencera fes fonctions auffitôt qu'il y aura dix juges de nommés, & il les cessera dès que les tribunaux ci-dessus entreront en activité.

Ils commettront un gradué, pour fervir d'accufateur public, & un greffier.

Pour parvenir à l'exécution des dispositions ci-dessus, le roi fera prié d'expédier incessamment des lettres-patentes à chacun desdits juges, fur l'extrait du procès-verbal de leur nomination.

Lefdits juges, avant de commencer leurs fonctions provisoires, prêteront ferment à la maison commune, en préfence des officiers municipaux.

La municipalité de Paris eſt chargée de prendre des meſures pour procurer à ce tribunal l'emplacement qui lui eſt convenable.

Ce tribunal a ceſſé le 24 janvier 1791 : l'inſtallation des ſix tribunaux de Paris s'étant faite les 25 & 26 janvier 1791. Il étoit entré en activité le 9 décembre 1790.

<hr>

DÉCRET du 24 décembre 1790,

Sanctionné le 5 janvier ſuivant,

Relatif à l'appel des jugemens prévôtaux.

L'Aſſemblée nationale décrète qu'à l'égard des accuſés qui ont été jugés par jugemens prévôtaux, à l'exécution deſquels il a été ſurſis par le décret du 6 mars dernier, ſanctionné par le roi (1), l'appel de ces jugemens ſera porté de droit à un des ſept tribunaux de diſtrict, chargés de juger les appels du tribunal dans le territoire duquel le jugement a été rendu, au choix des condamnés, s'ils l'ont été à des peines afflictives. Dans tous les autres cas, ils feront autoriſés à interjeter appel du jugement rendu contre eux, s'ils le jugent à propos.

Voyez ſur la détermination des ſept tribunaux qui jugent les appels de chaque tribunal de diſtrict, le décret du 16 août 1790, titre V, & les autres décrets cités ſur ce titre : le tout au code judiciaire général, p. 29 & ſuiv.

Décrète, en outre, que les accuſés qui ont été jugés par contumace, par quelque tribunal que ce ſoit, auront la faculté de ſe repréſenter devant le tribunal de diſtrict dans le territoire duquel étoit ſitué le ſiége du tribunal qui les a jugés ; & en ſe repréſentant, leurs jugemens feront abolis ſuivant les diſpoſitions de l'ordonnance de 1670.

<hr>

(1) Le 7 mars.

Décret du 5 mars 1791,

Sanctionné le 13,

Sur l'établissement d'un tribunal provisoire à Orléans, pour juger les crimes de lèse-nation.

L'Assemblée nationale, après avoir entendu le comité de constitution, décrète ce qui suit :

ARTICLE PREMIER.

Il sera établi provisoirement, à Orléans, un tribunal que l'Assemblée nationale commet pour instruire & juger en dernier ressort les affaires criminelles qui ont été renvoyées jusqu'à présent aux tribunaux successivement désignés pour prononcer sur les crimes de lèse-nation, ainsi que toutes affaires criminelles sur lesquelles l'Assemblée déclarera qu'il y a lieu à accusation.

Voyez les décrets des 14 & 21 octobre 1789, sur l'attribution faite au châtelet de Paris ; & celui du 25 octobre 1790, pour la révocation de cette attribution.

ART. II.

Pour former le tribunal provisoire, chacun des quinze tribunaux de district les plus voisins de la ville d'Orléans ; savoir, de Beaugency, de Neuville, de Boiscommun, Pithiviers, Janville, Mer, Gien, Aubigny, Montargis, Nemours, Etampes, Chateaudun, Vendôme, & de Romorantin, nommera un de ses membres.

ART. III.

Ce tribunal, aussitôt qu'il sera formé, après avoir élu son président, choisira parmi ses membres un accusateur public chargé des fonctions des ci-devant procureurs du roi, & nommera un greffier ; il recevra d'eux le serment civique, & celui de remplir avec exactitude les fonctions qui leur font déléguées.

A r t. I V.

Il pourra juger au nombre de dix, & se conformera, dans l'instruction & le jugement, aux dispositions établies par les décrets des 8 & 9 octobre 1789, & 22 avril 1790.

Voyez ces décrets rapportés ci-devant.

A r t. V.

Le commissaire du roi auprès du tribunal de district d'Orléans, exercera auprès du tribunal provisoire.

A r t. V I.

Les juges du tribunal provisoire & l'accusateur public auront, outre leur traitement fixe ordinaire, une indemnité sur le pied de 3,600 livres par année, au *prorata* du temps qu'aura duré leur service. Le greffier aura aussi, au *prorata* du temps de son exercice, un traitement sur le pied de 3,000 livres par année.

A r t. V I I.

Les fonctions du tribunal provisoire cesseront le jour de l'installation de la haute-cour-nationale.

La suppression de ce tribunal a été prononcée par décret du 20 septembre 1791.

A r t. V I I I.

Le roi sera prié de donner les ordres nécessaires pour que les membres du tribunal provisoire soient rassemblés à Orléans le 25 du présent mois.

Décret

DÉCRET du 13 mars 1791,

Sanctionné le 14,

Sur l'établissement, à Paris, de six tribunaux criminels, pour juger les procès existans avant le 25 janvier dernier.

L'Assemblée nationale, considérant l'état actuel des procès criminels dans la capitale, & les diverses causes qui ont accumulé & entretiennent un grand nombre d'accusés dans les différentes prisons ou maisons de force de cette ville :

Décrète qu'il sera établi à Paris, au palais, six tribunaux, composés de sept membres chacun, pour instruire & juger tous les procès criminels existans avant le 25 janvier, époque de l'installation des tribunaux de Paris.

L'appel des jugemens rendus par un de ces tribunaux, sera porté, dans les formes prescrites par les décrets, à l'un desdits cinq autres tribunaux, & à deux des tribunaux de Paris successivement indiqués à cet effet par le directoire de département.

Les décrets cités ici sont ceux qui forment le titre V du décret du 16 août 1790, & les autres indiqués sur ce titre & rapportés au code judiciaire général.

Les suppléans, &, à leur défaut, des gradués, seront appelés, s'il est nécessaire, pour juger en dernier ressort.

Pour former ces six tribunaux, les tribunaux les plus voisins enverront chacun un juge, lesquels se rendront à Paris, & commenceront leurs séances le 26 du présent mois de mars.

Il sera attaché à chacun des six tribunaux extraordinaires, un accusateur public & un greffier, lesquels seront choisis par les juges.

Le roi sera prié de nommer un commissaire pour chacun de ces tribunaux.

L'indemnité qui sera accordée aux juges & aux commisfaires du roi, en outre de leur traitement ordinaire, fera réglée fur le pied du traitement des juges & des commiffaires du roi, de Paris. Celle des greffiers fera fixée fur le pied de 3,000 livres par an : le tout à raifon de la durée de leurs fervices auprès des tribunaux fufdits.

Décrète, en outre, que dans les affaires criminelles les fuppléans feront l'inftruction & le rapport, de même que les juges.

Renvoie au pouvoir exécutif pour donner les ordres néceffaires à l'exécution du préfent décret.

Voyez les décrets du 11 juillet & du 17 feptembre 1791, qui fuivent immédiatement.

DÉCRET du 11 juillet 1791,

Scellé le 6 feptembre fuivant,

Qui autorife les fix tribunaux criminels de Paris à nommer deux commis-greffiers pour l'inftruction des procès criminels, & fixe leur traitement, ainfi que celui des accufateurs publics de ces tribunaux & de ceux de diftrict.

L'Affemblée nationale décrète ce qui fuit :

ARTICLE PREMIER.

Chacun des fix tribunaux criminels provifoires établis à Paris en vertu de la loi du 14 mars 1791, eft autorifé à nommer deux commis-greffiers pour l'inftruction des procès criminels.

ART. II.

Les commis-greffiers dont il vient d'être parlé, auront pour traitement les deux tiers de celui attribué au greffier : le tout à raifon de la durée de leur fervice près defdits tribunaux criminels.

Art. III.

Les accusateurs publics des six tribunaux criminels auront une indemnité égale à celle des commissaires du roi de service auprès desdits tribunaux, également à raison de la durée de leur service.

Art. IV.

Les accusateurs publics des tribunaux de district auront une indemnité égale à la moitié de celle des commissaires du roi, pour tout le temps de la durée de leur service.

Décret du 17 septembre 1791,

-Sanctionné le 29,

Qui renvoie aux tribunaux provisoires établis à Paris, les procès criminels existans dans les tribunaux d'arrondissement de la même ville.

L'Assemblée nationale décrète ce qui suit :

Article premier.

Les huissiers actuellement de service auprès des six tribunaux de service de Paris, recevront pour le temps de la durée de ce service, la somme de cent livres par mois.

Art. II.

Les procès criminels actuellement existans dans les tribunaux d'arrondissement de Paris, & ceux qui prendront naissance jusqu'au premier janvier prochain, seront renvoyés aux six tribunaux criminels, pour être par eux jugés dans la forme prescrite, à l'exception de ceux relatifs à la fabrication des faux assignats, lesquels continueront d'être instruits & jugés au tribunal auquel ils ont été portés.

C 2

DÉCRET du 20 septembre 1791,

Sanctionné le 12 octobre,

Qui supprime le tribunal provisoire établi à Orléans.

L'Assemblée nationale décrète que le tribunal provisoire établi à Orléans pour le jugement des crimes de lèse-nation, est supprimé, & que le roi sera prié de donner des ordres à cet effet.

Voyez ci-devant le décret de création de ce tribunal, en date du 5 mars 1791.

DÉCRET des 26 & 27 septembre 1791,

Sanctionné le premier janvier 1792,

Relatif à la peine de mort & à celle de la marque, qui accorde quinzaine au condamné pour présenter sa requête en cassation, & qui surseoit à l'exécution du jugement pendant ce délai.

L'Assemblée nationale décrète ce qui suit :

ARTICLE PREMIER.

Dès-à-présent la peine de mort ne sera plus que la simple privation de la vie.

ART. II.

La marque est abolie de ce jour.

ART. III.

Le condamné aura trois jours pour déclarer qu'il entend se pourvoir en cassation. Du jour de cette déclaration, il aura quinzaine pour présenter sa requête, & y faire statuer. Le temps sera augmenté d'un jour pour dix lieues, tant pour l'aller que pour le retour, en faveur des condamnés détenus ou domiciliés hors du lieu où siégera le tribunal de cassation. Pendant ces différens délais il sera sursis à l'exécution.

SECTION SECONDE.

Décrets relatifs à l'institution des jurés & à la procédure par jurés.

AVERTISSEMENT.

La loi sur les jurés a été relue & arrêtée dans la séance du 16 septembre 1791. Les articles dont elle est composée avoient été prononcés successivement dans plusieurs séances; & il avoit été donné sur l'établissement des tribunaux criminels, des décrets particuliers dont quelques-uns seulement sont entrés dans la composition générale de la loi. Cette loi formant un ensemble complet, j'ai pensé qu'au lieu de rapporter à leur date ces décrets particuliers dont on peut desirer de connoître la première rédaction, mais qui à raison de leur petit nombre échapperoient facilement à l'attention, je ferois mieux de les transcrire en note sous les articles auxquels ils ont rapport. On ne trouvera donc, dans cette partie du code judiciaire, qu'une seule loi, la loi générale du 16 septembre 1791. À la suite de cette loi, j'ai rapporté l'instruction du 29 septembre, qui en est le commentaire décrété par l'Assemblée. On sent combien il sera utile de comparer sans cesse la loi & l'instruction, lorsqu'on voudra faire usage de l'un ou de l'autre : & c'est parce que la nécessité de cette comparaison est palpable, que je me suis abstenu de dire ce qu'il auroit fallu répéter à chaque

C 3

article de la loi : *Voyez l'Inſtruction* ; & à chaque article de l'inſtruction, *Voyez la Loi.*

L'inſtruction a été revue avec le plus grand ſoin, ſur l'exemplaire remis au bureau des procès-verbaux par celui qui l'a rédigée.

J'ai joint à ces deux pièces la proclamation du roi du 15 janvier 1792. J'avertis que cette proclamation a donné lieu, de la part de la première légiſlature, à quelques plaintes contre le miniſtre de la juſtice, notamment par rapport à la manière dont l'article 5 s'exprime ſur la nomination du directeur du juré. Je n'ai pas prétendu, en faiſant réimprimer la proclamation, lui donner le plus léger degré d'autorité contre la loi ; mais il m'a paru qu'on liroit toujours avec ſatisfaction ce qui y eſt dit ſur la nouvelle organiſation de l'ordre judiciaire criminel.

On pourroit imaginer que la loi du 16 ſeptembre 1791 auroit dû être diviſée ; & que ſa première partie, qui traite de la police, auroit dû être renvoyée à la cinquième partie du code judiciaire : mais cette loi eſt trop importante pour détruire l'enſemble qui a été mis dans toutes ſes diſpoſitions. Il ſuffira d'avertir ici, que les autres lois de police ſe trouveront dans la cinquième partie du code judiciaire ; & j'avertirai auſſi à la tête de cette cinquième partie, que la loi du 16 ſeptembre établit les fondemens de la police de ſûreté.

Le décret de l'Aſſemblée légiſlative des 10, 12 & 13 janvier 1792, ſera rapporté à la ſuite de la loi ſur les jurés ; c'eſt un ſupplément néceſſaire à pluſieurs diſpoſitions de cette loi.

DÉCRET du 16 feptembre 1791,

Sanctionné le 29 du même mois,

Concernant la police de sûreté, la juftice criminelle & l'éta-blissement des jurés.

L'Affemblée nationale décrète ce qui fuit:

De la police de sûreté.

TITRE PREMIER.

De l'inftitution des officiers de police de sûreté.

ARTICLE PREMIER.

Le juge-de-paix de chaque canton fera chargé des fonctions de la police de sûreté, ainfi qu'elles feront ci-après détaillées.

Sur l'inftitution des juges-de-paix, voyez dans la première partie du code judiciaire, le décret du 16 août 1790, titre III.

ART. II.

Il y aura de plus, un ou plufieurs fonctionnaires publics chargés d'exercer concurremment avec les juges-de-paix des divers cantons, les fonctions de la police de sûreté.

ART. III.

Cette concurrence fera exercée par les capitaines & lieutenans de la gendarmerie nationale, fous l'exception portée en l'article 14 du titre V. Néanmoins dans les villes où il y a plus d'un juge-de-paix établi, les officiers de gendarmerie ne pourront remplir les fonctions d'officiers de police ; mais seulement celles qui sont attribuées à la gendarmerie par l'article premier de la seconde section du décret du 24 décembre 1790.

La date du 24 décembre 1790, est celle du jour où les dispositions que l'on cite ont été prononcées. Le décret a été relu & porté à la sanction sous la date du 16 janvier 1791. On peut voir l'article indiqué ici, dans la cinquième partie de l'ordre judiciaire, ou code de la police.

A r t. I V.

Les officiers de police auront le droit de faire agir la force publique pour l'exécution de leurs mandats.

T I T R E I I.

Du mandat d'amener & du mandat d'arrêt.

A r t i c l e p r e m i e r.

L'ordre d'un officier de police de sûreté pour faire comparoître les prévenus de crime ou délit, s'appellera *mandat d'amener.*

A r t. I I.

Le *mandat d'amener* sera signé de l'officier de police, & scellé de son sceau. Le prévenu y sera nommé ou désigné le plus clairement qu'il sera possible. Il sera exécutoire par tout le royaume, aux conditions prescrites par les articles 8 & 9 du titre V ; & copie en sera laissée à celui qui est désigné dans le mandat.

A r t. I I I.

Si l'inculpé est trouvé hors de la résidence de l'officier de police, il sera conduit devant le juge-de-paix du lieu, lequel vifera le *mandat d'amener*, mais fans pouvoir en empêcher l'exécution.

Art. IV.

Aucun citoyen ne peut refufer de venir rendre compte aux officiers de police des faits qu'on lui impute ; & s'il refufe d'obéir, ou fi après avoir déclaré qu'il eft prêt à obéir, il tente de s'évader, le porteur du *mandat d'amener* pourra employer la force pour le contraindre ; mais il fera tenu d'en ufer avec modération & humanité.

Voyez l'acte conftitutionnel, titre III, chapitre 5, article 10 & fuivans.

Art. V.

Si l'officier de police de sûreté, devant qui l'inculpé eft amené, trouve, après l'avoir entendu, qu'il y a lieu à le pourfuivre criminellement, il donnera ordre qu'il foit envoyé à la maifon d'arrêt du tribunal de diftrict. Cet ordre s'appellera *mandat d'arrêt*.

Art. VI.

Le *mandat d'arrêt* fera également figné & fcellé de l'officier de police, lequel tiendra regiftre de tous ceux qu'il délivrera. Il fera remis à celui qui doit conduire le prévenu en la maifon d'arrêt, & copie en fera laiffée à ce dernier.

Art. VII.

Le *mandat d'arrêt* contiendra le nom du prévenu & fon domicile, s'il l'a déclaré, ainfi que le fujet d'arreftation ; faute de quoi, le gardien de la maifon d'arrêt ne pourra le recevoir, fous peine d'être pourfuivi criminellement.

Voyez l'acte conftitutionnel, titre III, chapitre 5, art. 14.

A r t. V I I I.

Aucun dépofitaire de la force publique ne pourra entrer de force, dans la maifon d'un citoyen, fans un mandat de police ou ordonnance de juftice.

Voyez l'acte conftitutionnel, titre IV, art. 9.

T I T R E   I I I.

Fonctions générales de l'officier de police.

A r t i c l e   p r e m i e r.

Tous ceux qui auront connoiffance d'un meurtre ou d'une mort dont la caufe eft inconnue ou fufpecte, feront tenus d'en donner avis fur-le-champ à l'officier de police de fûreté du lieu, ou, à fon défaut, au plus voifin, lequel fe rendra incontinent fur les lieux.

A r t. I I.

Dans les cas énoncés en l'article précédent, l'inhumation ne pourra être faite qu'après que l'officier de police fe fera rendu fur les lieux, accompagné d'un chirurgien ou homme de l'art, & aura dreffé un procès-verbal détaillé du cadavre & de toutes les circonftances, en préfence de deux citoyens actifs, lefquels, ainfi que le chirurgien ou homme de l'art, figneront l'acte avec lui.

A r t. I I I.

L'officier de police, affifté comme il vient d'être dit, entendra les parens, voifins ou domeftiques du décédé, ou ceux qui fe font trouvés en fa compagnie avant fon décès. Il recevra fur-le-champ leurs déclarations; & les interpellera de figner, ou de déclarer s'ils ne le favent faire.

A r t. I V.

L'officier de police pourra défendre que qui que ce foit ne forte de la maifon, ou s'éloigne du lieu dans lequel le mort aura été trouvé, & ce jufqu'à la clôture du procès-verbal & des déclarations.

A r t. V.

L'officier de police fera faifir fur-le-champ celui ou ceux qui feront prévenus d'avoir été les auteurs ou les complices du meurtre; & après avoir reçu leurs déclarations, il pourra délivrer des mandats d'arrêts contre eux, & les faire conduire à la maifon d'arrêt du tribunal du diftrict.

A r t. V I.

En cas de meurtre ou de mort, dont la caufe eft inconnue & fufpecte, l'officier de police fera perfonnellement tenu, fans attendre aucune réquifition & fans y préjudicier, de commencer la pourfuite & de délivrer à cet effet les mandats néceffaires.

T I T R E I V.

Du flagrant délit.

A r t i c l e p r e m i e r.

Lorfqu'un officier de police apprendra qu'il fe commet un délit grave dans un lieu, ou que la tranquillité publique y aura été violemment troublée, il fera tenu de s'y tranfporter auffitôt, d'y dreffer procès-verbal détaillé du corps du délit, quel qu'il foit, & de toutes fes circonftances ; enfin de tout ce qui peut fervir à conviction ou à décharge.

A r t. I I.

En cas de flagrant-délit ou fur la clameur publique, l'officier de police fera faifir & amener devant lui les prévenus, fans attendre les déclarations des témoins ; & fi les prévenus ne peuvent être faifis, il délivrera un *mandat d'amener* pour les faire comparoître devant lui.

A r t. I I I.

Tout dépofitaire de la force publique, & même tout citoyen, fera tenu de s'employer pour faifir un homme trouvé en flagrant-délit ou pourfuivi par la clameur publique, comme coupable d'un délit, & de l'amener devant l'officier de police le plus voifin.

A r t. I V.

Tout dépofitaire de la force publique, & même tout citoyen pourra conduire devant l'officier de police, un homme fortement foupçonné d'être coupable d'un délit déja dénoncé, comme dans le cas où il feroit trouvé faifi des effets volés, ou d'inftrumens fervans à faire réfumer qu'il eft l'auteur du délit : fauf à être refponfables, s'ils ont agi méchamment & par envie de nuire.

A r t. V.

L'officier de police recevra les éclairciffemens donnés par le prévenu ; & s'il les trouve fuffifans pour détruire les inculpations formées contre lui, il ordonnera qu'il foit mis fur-le-champ en liberté.

A r t. V I.

Si le prévenu n'a pas détruit les inculpations, il en fera ufé à fon égard ainfi qu'il fera ftatué ci après.

Voyez ci-après, de la juftice criminelle, titre premier.

TITRE V.

De la dénonciation du tort perfonnel, ou de la plainte.

ARTICLE PREMIER.

Tout particulier qui fe prétendra léfé par le délit d'un autre particulier, pourra porter fes plaintes à la police devant un juge-de-paix ou un des officiers de gendarmerie défignés plus haut.

Voyez ci-devant, titre premier.

ART. II.

La dénonciation du tort perfonnel ou la plainte pourra être rédigée par la partie, ou fon fondé de procuration fpéciale, ou par l'officier de police, s'il en eft requis. La procuration fera toujours annexée à la plainte.

ART. III.

La plainte fera fignée à chaque feuillet par l'officier de police : elle fera également fignée & affirmée par celui qui l'aura faite, ou par fon fondé de procuration fpéciale. Il fera fait mention expreffe de la fignature de la partie, ou de fa déclaration de ne pouvoir figner, à peine de nullité de la plainte.

ART. IV.

Les plaintes feront écrites de fuite & fans aucun blanc fur un regiftre tenu à cet effet : la date y fera toujours exprimée.

ART. V.

Celui qui aura porté plainte aura vingt-quatre heures

pour s'en défifter : auquel cas elle fera biffée & anéantie huit jours après, à moins que l'officier de police n'ait jugé convenable de la prendre pour dénonciation ; ce qu'il fera tenu de faire dans tous les délits qui intéreffent le public.

A r t. V I.

L'officier de police qui aura reçu la plainte , recevra également la dépofition des témoins produits par l'auteur de cette plainte ; il fera auffi tenu d'ordonner que les perfonnes & les lieux feront vifités , & qu'il en fera dreffé procès-verbal , toutes les fois qu'il s'agira d'un délit dont les traces peuvent être conftatées.

A r t. V I I.

Dans le cas où l'officier de police qui a reçu la plainte, eft celui du lieu du délit ou de la réfidence habituelle ou momentanée du prévenu, il pourra, d'après les charges, délivrer un *mandat d'amener* contre le prévenu, pour l'obliger à comparoître , & à lui fournir des éclairciffemens fur le fait qu'on lui impute.

Sur les perfonnes par qui les mandats d'amener doivent être portés , voyez l'inftruction.

A r t. V I I I.

Néanmoins, en vertu du *mandat d'amener*, le prévenu ne pourra être contraint à venir qu'autant qu'il ferà trouvé dans les deux jours de la date du mandat, à quelque diftance que ce puiffe être ; ou, paffé les deux jours, s'il eft trouvé dans la diftance de dix lieues du domicile de l'officier qui l'a figné.

A r t. I X.

Si après les deux jours, le prévenu eft trouvé au-delà

de dix lieues, il en fera fur-le-champ donné avis à l'officier qui aura figné le mandat ; & , fuivant l'ordre qui y fera porté, il fera gardé à vue ou mis en état d'arreſtation, en faifant vifer le mandat par l'officier de police du lieu, jufqu'à ce que le juré ait prononcé s'il y a lieu ou non à accufation à fon égard.

A r t. X.

Pour cet effet, quatre jours après la délivrance du mandat d'amener, fi le prévenu n'a pas comparu devant l'officier qui l'a figné, celui-ci enverra copie de la plainte & des déclarations des témoins au greffe du tribunal du diſtrict du lieu du délit, pour y être procédé ainfi qu'il fera prefcrit ci-après.

Voyez ci-après, de la juſtice criminelle, titre premier.

A r t. X I.

Si néanmoins le prévenu **eſt** trouvé faifi des effets volés ou d'inſtrumens fervant à faire préfumer qu'il eſt l'auteur du délit, il fera amené fur-le-champ devant l'officier de police qui aura figné le *mandat d'amener*, quels que foient la diſtance & le délai dans lefquels il aura été faifi.

A r t. X I I.

Dans le cas où le *mandat d'amener* a été rendu contre un *quidam*, s'il eſt arrêté dans les deux jours ou dans les dix lieues, il fera amené auffitôt devant l'officier de police qui l'a figné ; & fi, paffé les deux jours, il eſt arrêté au-delà des dix lieues, il en fera donné avis à l'officier de police, ainfi que de fon nom & domicile, s'il l'a déclaré. Les quatre jours pour envoyer la procédure au greffe du diſtrict, ne commenceront que de cette époque.

A r t. X I I I.

Enfin dans le cas où l'officier de police qui a reçu la plainte, n'eſt ni celui du lieu du délit, ni celui de la réſidence du prévenu, il ſera tenu de renvoyer l'affaire avec toutes les pièces devant le juge-de-paix du lieu du délit, pour qu'il ſoit déterminé par celui-ci s'il y a lieu ou non à délivrer le *mandat d'amener.*

A r t. X I V.

Si la plainte a été portée devant un des officiers de gendarmerie nationale ci-deſſus déſignés, il pourra délivrer le *mandat d'amener*, mais devant le juge-de-paix de la réſidence du prévenu, ou du lieu du délit; lequel juge-de-paix pourra ſeul donner, s'il y a lieu, le *mandat d'arrêt*, qui ſera également ſigné de l'officier de gendarmerie.

Ci deſſus déſignés par le titre premier, art. 3.

A r t. X V.

Les dépoſitions des témoins ſeront faites & reçues par écrit devant l'officier de police, mais en préſence du prévenu, s'il eſt arrêté.

A r t. X V I.

Lorſque le prévenu comparoîtra devant l'officier de police, il ſera examiné ſur-le-champ, ou au plus tard dans les vingt-quatre heures; & s'il réſulte des éclairciſſemens qu'il n'y a aucun ſujet d'inculpation contre lui, l'officier de police le renverra en liberté.

Voyez l'acte conſtitutionnel, tit. III, chap. 5, art. 11.

A r t. X V I I.

Lorſque le prévenu ne donnera pas des éclairciſſemens
ſuffiſans

fuffifans pour détruire les inculpations, alors fi le délit eft de nature à mériter peine afflictive, l'officier de police, foit celui du lieu du délit, foit celui de la réfidence du prévenu, délivrera un *mandat d'arrêt* pour le faire conduire à la maifon d'arrêt du diftrict du lieu du délit.

Art. XXVIII.

Si le délit eft de nature à mériter une peine infamante, l'officier de police délivrera également un *mandat d'arrêt* contre le prévenu, à moins qu'il ne fourniffe une caution fuffifante de fe repréfenter lorfqu'il en fera befoin : auquel cas il fera laiffé à la garde de fes amis qui l'auront cautionné.

Voyez l'acte conftitutionnel, tit. III, chap. 5, art. 12.

Art. XIV.

Si le délit n'eft pas de nature à mériter peine afflictive ou infamante, il ne pourra être donné de *mandat d'arrêt* contre le prévenu ; mais celui qui a porté plainte à la police, fera renvoyé à fe pourvoir par la voie civile.

Art. XX.

Le refus de l'officier de police de délivrer un *mandat d'amener* ou un *mandat d'arrêt* contre un prévenu, n'étant qu'une décifion provifoire de police, celui qui a porté fa plainte pourra fe pourvoir ultérieurement, ainfi qu'il fera prefcrit ci-après. Lorfque l'officier de police aura refufé de délivrer un mandat, la partie plaignante ou dénonciatrice pourra exiger de lui un acte portant le refus.

TITRE VI.

De la dénonciation civique.

ARTICLE PREMIER.

Tout homme qui aura été témoin d'un attentat, soit contre la liberté & la vie d'un autre homme, soit contre la sûreté publique ou individuelle, sera tenu d'en donner aussitôt avis à l'officier de police du lieu du délit.

ART. II.

L'officier de police demandera au dénonciateur s'il est prêt ou non à signer & à affirmer sa dénonciation.

ART. III.

Si le dénonciateur signe la dénonciation & l'affirme, l'officier de police sera tenu d'ordonner aux témoins qu'il indiquera, de venir faire devant lui leurs déclarations.

ART. IV.

Sur cette déclaration, le dénonciateur pourra demander à l'officier de police un *mandat d'amener* le prévenu.

ART. V.

Il sera observé, à l'égard de la dénonciation civique, ce qui est porté dans les articles 4, 5, 7, 8, 9, 10, 11, 13, 14, du titre de *la dénonciation du tort personnel, ou de la plainte.*

Ce titre est le titre précédent.

A r t. V I.

Si les éclairciffemens donnés ne détruifent pas l'inculpation, l'officier de police fera tenu de délivrer un *mandat d'arrêt* contre le prévenu, ou il le recevra à caution, fi ce délit n'eft pas de nature à emporter peine afflictive.

A r t. V I I.

Si les éclairciffemens donnés détruifent l'inculpation, l'officier de police renverra le dénoncé en liberté, fauf au dénonciateur à préfenter fon accufation au tribunal de diftrict, ainfi qu'il fera prefcrit plus bas, & fauf au dénoncé à fe pourvoir en dommages & intérêts.

Plus bas : De la juftice criminelle, titre premier, article 12.

A r t. V I I I.

Si le dénonciateur refufe de figner & d'affirmer fa dénonciation, l'officier de police ne fera pas tenu d'y avoir égard. Il pourra néanmoins d'office, prendre connoiffance des faits, entendre les témoins, délivrer un *mandat d'amener* contre le prévenu, &, s'il y a lieu, un *mandat d'arrêt*; fauf, dans ce cas, à en être perfonnellement refponfable, s'il eft prouvé qu'il ait agi méchamment & avec envie de nuire.

DE la justice criminelle & de l'institution des Jurés.

TITRE PREMIER.

De la procédure devant le tribunal du district, & du juré d'accusation.

ARTICLE PREMIER.

Il sera désigné dans chaque tribunal un des juges pour remplir, dans les matières criminelles, les fonctions qui vont être détaillées. En cas d'absence ou d'empêchement, le juge sera remplacé par celui qui le suit dans l'ordre du tableau.

ART. II.

Ce juge s'appellera *directeur du juré.* Il sera pris à tour de rôle, tous les six mois, parmi les membres composant le tribunal, le président excepté.

ART. III.

Celui qui, sur le mandat d'arrêt d'un officier de police, aura fait au gardien de la maison d'arrêt remise du prévenu, en prendra reconnoissance. Il remettra les pièces au greffier du tribunal, & en prendra pareillement reconnoissance. Il rapportera à l'officier de police ces deux actes, visés dans le jour par le directeur du juré.

ART. IV.

Aussitôt après avoir délivré son *visa,* ou au plus tard

dans les vingt-quatre heures, le directeur du juré examinera les pièces remifes, pour vérifier fi l'inculpation
eft de nature à être préfentée au juré : il pourra même
à cet effet entendre le prévenu.

A r t. V.

Aucun acte d'accufation ne pourra être préfenté au juré
que pour un délit emportant peine afflictive ou infamante.

A r t. V I.

Dans le cas où il n'y a point de partie plaignante ou
dénonciatrice, foit que l'accufé foit préfent ou non, fi le
directeur du juré trouve par la nature du délit, que l'accufation ne doit pas être préfentée au juré, il affemblera dans les vingt-quatre heures le tribunal, lequel prononcera fur cette queftion, après avoir entendu le commiffaire du roi.

A r t. V I I.

Si dans le même cas il trouve que, par la nature du
délit, l'accufation doit être préfentée au juré; ou fi,
contre fon opinion, le tribunal l'a décidé ainfi, il dreffera l'acte d'accufation.

A r t. V I I I.

Dans le cas où il y a une partie plaignante ou dénonciatrice, le directeur du juré ne pourra ni dreffer l'acte
d'accufation, ni porter au tribunal la queftion mentionnée
en l'article 6, fi ce n'eft après deux jours révolus depuis la
remife du prévenu en la maifon d'arrêt, ou des pièces
au greffe du tribunal; mais ce délai paffé fans que ladite partie ait comparu, il fera tenu d'agir ainfi qu'il eft
prefcrit par les articles précédens.

D 3

A r t. I X.

Lorsqu'il y aura une partie plaignante ou dénonciatrice, & qu'elle se présentera au directeur du juré par elle-même, ou par un fondé de procuration spéciale, dans le susdit délai de deux jours, l'acte d'accusation sera dressé de concert avec elle.

A r t. X.

Si le directeur du juré & la partie ne peuvent s'accorder, soit sur les faits, soit sur la nature de l'accusation, chacun d'eux pourra rédiger séparément son acte d'accusation.

A r t. X I.

Si le directeur du juré ne trouve pas le délit de nature à être présenté au juré, la partie pourra néanmoins dresser seule son acte d'accusation.

A r t. X I I.

Celui qui aura porté sa plainte ou dénonciation à l'officier de police, pourra, sur son refus constaté de délivrer un *mandat d'amener* ou *un mandat d'arrêt*, présenter directement son accusation au juré du district du lieu du délit.

Voyez dans la première partie de cette loi, l'art. 20 du tit. V.

A r t. X I I I.

Les actes d'accusation seront toujours communiqués au commissaire du roi, avant d'être présentés au juré. Si le commissaire du roi trouve que, d'après la loi, le délit est de nature à mériter peine afflictive ou infamante, il exprimera fon adhéfion par ces mots : *La loi autorife.* Au cas contraire, il exprimera fon oppofition par ceux-ci : *La loi défend.* Dans ce dernier cas, la queftion pourra être portée au tribunal de diftrict, qui la décidera dans les vingt-quatre heures.

A R T.　X I V.

Dans tous les cas où le corps du délit aura pu être conftaté par un procès-verbal, il fera joint à l'acte d'accufation pour être préfenté conjointement devant le juré, à peine de nullité de l'acte d'accufation.

A R T.　X V.

L'acte d'accufation contiendra le fait & toutes les circonftances. Celui ou ceux qui en font l'objet, y feront clairement défignés & dénommés : la nature du délit y fera déterminée auffi précifément qu'il fera poffible ; il fera dit qu'il a été commis méchamment & à deffein.

A R T.　X V I.

Les témoins qui n'auront pas fait leur déclaration devant l'officier de police, la feront devant le directeur du juré. Ces déclarations feront reçues par écrit, avant que les témoins foient examinés de vive voix par le juré d'accufation.

A R T.　X V I I.

Dans tous les cas ci-deffus énoncés, s'il réfulte un ou plufieurs actes d'accufation, le directeur du juré fera affembler les jurés dans la forme prefcrite qui fera déterminée au titre X.

A R T.　X V I I I.

Les jurés étant affemblés au jour indiqué, le directeur

du juré leur fera prêter d'abord, en préfence du commiffaire du roi, le ferment fuivant :

« C I T O Y E N S,

» Vous jurez & promettez d'examiner avec attention
» les témoins & pièces qui vous feront préfentés, &
» d'en garder le fecret. Vous vous expliquerez avec loyauté
» fur l'acte d'accufation qui va vous être remis ; vous ne
» fuivrez ni les mouvemens de la haine & de la méchan-
» ceté, ni ceux de la crainte ou de l'affection. »

A r t. X I X.

Le directeur du juré expofera aux jurés l'objet de l'accufation, & leur expliquera avec clarté & fimplicité les fonctions qu'ils ont à remplir. Les pièces de la procédure leur
feront remifes, à l'exception de la déclaration écrite des
témoins.

A r t. X X.

Les pièces feront lues d'abord ; enfuite les témoins
produits feront entendus de vive voix, ainfi que la partie
plaignante ou dénonciatrice, fi elle eft préfente. Cela fait,
le directeur du juré fe retirera, & laiffera les jurés délibérer entre eux.

A r t. X X I.

Le plus ancien d'âge fera leur chef, les préfidera, &
fera chargé de recueillir les voix.

A r t. X X I I.

Si les jurés trouvent que l'accufation doit être admife,
leur chef mettra au bas de l'acte cette formule affirma-

tive : *La déclaration du juré eſt :* OUI *, il y a lieu.* S'ils trouvent que l'accuſation ne doit pas être admiſe, il mettra au bas de l'acte cette formule négative : *La déclaration du juré eſt :* NON *, il n'y a pas lieu.*

A r t. XXIII.

Dans le cas mentionné en l'article 10, où le directeur du juré & la partie plaignante ou dénonciatrice auroient préſenté chacun un acte d'accuſation ſéparé, les jurés détermineront celle des deux accuſations qui doit avoir lieu, en mettant au bas de l'acte la formule affirmative, & au bas de l'autre acte la formule négative; & ſi aucune des deux accuſations ne leur paroît devoir être admiſe, leur chef mettra la formule négative au bas des deux actes.

A r t. XXIV.

S'ils eſtiment qu'il y a lieu à une accuſation, mais différente de celle qui eſt portée dans l'acte ou dans les actes d'accuſation , le chef du juré mettra au bas : *La déclaration du juré eſt : il n'y a pas lieu à la préſente accuſation.*

A r t. XXV.

Dans ce cas, le directeur du juré pourra, ſur les déclarations écrites des témoins, & ſur les autres renſeignemens, dreſſer un nouvel acte d'accuſation.

A r t. XXVI.

Dans tous les cas, les déclarations des jurés ſeront ſignées par leur chef, & remiſes par lui, en leur préſence, au directeur du juré, lequel en dreſſera un acte.

A r t. XXVII.

Le nombre de huit jurés ſera abſolument néceſſaire pour

former un juré d'accusation ; & la majorité des suffrages, pour déterminer qu'il y a lieu à accusation.

A r t. X X V I I I.

Si les jurés prononcent qu'il n'y a lieu à accusation, le prévenu sera mis en liberté, & ne pourra plus être poursuivi à raison du même fait; à moins que, sur de nouvelles charges, il ne soit présenté un nouvel acte d'accusation.

A r t. X X I X.

Lorsque le juré d'accusation aura déclaré qu'il y a lieu à accusation, le directeur du juré rendra sur-le-champ une ordonnance de prise-de-corps contre l'accusé, d'après laquelle, s'il n'est pas déja arrêté, il sera saisi en quelque lieu qu'il soit trouvé, & amené devant le tribunal criminel.

A r t. X X X.

S'il n'écheoit pas peine afflictive, mais infamante, & que le prévenu n'ait pas déja été reçu à caution, le directeur du juré rendra contre lui une ordonnance de prise-de-corps, sauf à l'accusé à demander sa liberté, laquelle ne lui sera accordée qu'en donnant caution.

A r t. X X X I.

Si au contraire le prévenu a déja été reçu à caution, l'ordonnance contiendra seulement l'injonction à l'accusé de paroître à tous les actes de la procédure, & d'élire domicile dans le lieu du tribunal criminel : le tout à peine d'y être contraint par corps.

A r t. X X X I I.

Le nom de l'accusé, ainsi que sa désignation & son domicile, s'il est connu, feront marqués précisément dans l'ordonnance de prise-de-corps. Elle contiendra en outre, la copie de l'acte d'accusation, ainsi que de l'ordre de conduire directement l'accusé en la maison de justice du tribunal criminel.

A R T. X X X I I I.

Dans tous les cas, il sera donné copie à l'accusé, tant de l'ordonnance de prise-de-corps ou à l'effet de se représenter, que de l'acte d'accusation.

A R T. X X X I V.

Si, sur l'ordonnance de prise-de-corps, l'accusé ne peut être saisi, on procédera contre lui ainsi qu'il sera dit au titre des contumaces.

A R T. X X X V.

Lorsque le juré d'accusation aura déclaré qu'il n'y a pas lieu à accusation, le directeur du juré en donnera avis sans délai, à l'officier de police qui a délivré le mandat d'amener, afin que, dans le cas mentionné dans l'article 9 du titre V de la police, il fasse cesser sur-le-champ toute poursuite ou détention du prévenu.

A R T. X X X V I.

Il en seroit de même, si le tribunal de district avoit jugé que l'accusation n'est pas de nature à être présentée au juré : sauf à prendre, s'il y a lieu, les formes qui sont indiquées pour la police correctionnelle.

TITRE II.

Formation du tribunal criminel.

Ce titre avoit été décrété feul le 20 janvier 1791 : voyez les procès-verbaux de l'Affemblée nationale.

ARTICLE PREMIER.

Il y aura un tribunal criminel par chaque département.

ART. II.

Le tribunal fera compofé d'un préfident & de trois juges, pris chacun, tous les trois mois & par tour , dans les tribunaux de diftrict : le préfident excépté.

Dans la rédaction du 20 janvier 1791 , on lit : « Ce tribunal
» fera compofé d'un préfident nommé par les électeurs du dépar-
» tement , & de trois juges pris, chacun tous les trois mois & par
» tour, dans les tribunaux de diftrict , le préfident excepté; de
» telle forte que le jugement ne pourra être rendu qu'à quatre
» juges ».

ART. III.

Il y aura près du tribunal criminel un accufateur public, un commiffaire du roi & un greffier.

ART. IV.

Le préfident du tribunal criminel, l'accufateur public & le greffier feront nommés par les électeurs du département.

Dans le décret du 20 janvier 1791, ces deux articles étoient ainfi rédigés : IV. « Un commiffaire du roi fera toujours de fervice
» près du tribunal criminel. — V. Il y aura près du tribunal cri-
» minel , un greffier nommé également par les électeurs du dépar-
» tement ».

Art. V.

L'accusateur public sera nommé à la prochaine élection pour quatre ans seulement, & à la suivante pour six années. Le président sera nommé pour six années : l'un & l'autre pourront être réélus. Le greffier sera à vie.

Le tout conformément à la loi du 29 mai 1791.

La loi du 29 mai 1791 a été donnée sur le décret des 27 & 28 mai 1791. Elle concerne la convocation de la première législature. L'article 7 ordonne de procéder à l'élection des officiers du tribunal criminel, après celle des députés au corps législatif.

[Il faut rapporter ici le décret du 11 février 1791, qui contient quelques détails sur l'emplacement des tribunaux criminels, & celui du 30 mars même année, sur les qualités requises dans les personnes du président & de l'accusateur public du tribunal criminel.

Décret du 11 février 1791, sanctionné le 18 du même mois, sur l'emplacement des tribunaux criminels.

L'Assemblée nationale, après avoir entendu le rapport du comité de constitution, décrète ce qui suit :

Article premier.

Les tribunaux criminels seront établis & fixés dans les villes actuellement siéges des administrations ou des directoires des départemens, soit que les chefs-lieux soient déterminés, ou que les administrations alternent avec une ou plusieurs villes; & sans que les tribunaux puissent alterner en aucun cas.

Art. II.

En exécution des décrets rendus pour les départemens du Cantal, des Landes, de la Meuse, du Puy-de-Dôme & des Vosges, les tribunaux criminels de ces départemens seront établis & fixés dans les villes d'Aurillac, de Dax, Saint-Mihel, Riom & Mirecourt. En conséquence, l'administration du département des Landes ne pourra alterner en faveur de la ville de Dax; & celle du département de la Meuse demeurera fixée à Bar-le-Duc.

A R T. I I I.

Le tribunal criminel du département de Saone-&-Loire fera établi dans la ville de Châlons ; & celle de Mâcon fera définitivement le fiége de fon adminiftration.

Décret du 30 mars 1791 , fanctionné le 17 avril fuivant , relatif aux qualités requifes pour être préfident & accufateur public du tribunal criminel.

L'Affemblée nationale décrète ce qui fuit :
Les qualités pour être préfident & accufateur public du tribunal criminel , feront les mêmes que celles qui ont été prefcrites pour les juges des tribunaux de diftrict.]

T I T R E I I I.

Fonctions particulières du préfident.

A R T I C L E P R E M I E R.

Le préfident, outre les fonctions de juge, eft chargé d'entendre l'accufé au moment de fon arrivée, de faire tirer au fort les jurés & de les convoquer ; il pourra néanmoins déléguer ces fonctions à l'un des juges. Il eft chargé perfonnellement de diriger les jurés dans l'exercice des fonctions qui leur font affignées par la loi, de leur expofer l'affaire, même de leur rappeler leur devoir. Il préfidera à toute l'inftruction, déterminera l'ordre entre ceux qui demanderont à parler, & aura la police de l'auditoire.

A R T. I I.

Le préfident du tribunal criminel peut prendre fur lui de faire ce qu'il croira utile pour découvrir la vérité ; & la loi charge fon honneur & fa confcience de faire tous fes efforts pour en favorifer la manifeftation.

TITRE IV.

Fonctions de l'accusateur public.

ARTICLE PREMIER.

L'accusateur public est chargé de poursuivre les délits sur les actes d'accusation admis par les premiers jurés ; & il ne peut porter au tribunal aucune autre accusation, à peine de forfaiture.

ART. II.

Lorsque l'accusateur public aura reçu une dénonciation du pouvoir exécutif, ou du tribunal criminel, ou d'un commissaire du roi, il la transmettra aux officiers de police, & veillera à ce qu'elle soit poursuivie par les voies & suivant les formes ci-dessus établies. La dénonciation du pouvoir exécutif ne pourra être transmise à l'accusateur public, que par l'intermédiaire du commissaire du roi.

ART. III.

L'accusateur public aura la surveillance sur tous les officiers de police du département. En cas de négligence, il les avertira ; en cas de faute plus grave, il les déférera au tribunal criminel, lequel, selon la nature du délit, prononcera les peines correctionnelles déterminées par la loi.

ART. IV.

Si d'office, ou sur la plainte ou dénonciation d'un particulier, l'accusateur public trouve qu'un officier de police est dans le cas d'être poursuivi pour prévarication dans ses fonctions, il décernera contre lui le *mandat d'amener* ; & , s'il y a lieu, il donnera au directeur du juré la notice des faits, les pièces & la déclaration des témoins, au cas qu'il en ait reçu, pour que celui-ci dreffe l'acte d'accufation & le préfente aux jurés dans la forme ci-deffus prefcrite.

TITRE V.

Des fonctions du commiffaire du roi.

ARTICLE PREMIER.

Dans tous les procès criminels, foit au tribunal de diftrict, foit au tribunal criminel, le commiffaire du roi fera tenu de prendre communication de toutes les pièces & actes, & d'affifter à l'examen & au jugement.

ART. II.

Le commiffaire du roi pourra toujours faire aux juges, au nom de la loi, toutes les réquifitions qu'il jugera convenables, defquelles il lui fera délivré acte.

ART. III.

Lorfque le directeur du juré, ou le tribunal criminel n'auront pas jugé à propos de déférer à la réquifition du commiffaire du roi, l'inftruction ni le jugement n'en pourront être arrêtés ni fufpendus : fauf au commiffaire du roi près du tribunal criminel à fe pourvoir en caffation après le jugement, ainfi qu'il va être détaillé ci-après.

Voyez ci-après titre VIII, article 16 & fuivans.

ART IV.

Si néanmoins quelque affaire de la nature de celles qui font réfervées au corps légiflatif, étoit préfentée au

tribunal

criminel, le commiſſaire du roi ſera tenu d'en requérir la ſuſpenſion & le renvoi au corps légiſlatif; & le préſident, de l'ordonner, à peine de forfaiture.

Voyez pour la détermination des affaires réſervées au corps légiſlatif, l'acte conſtitutionnel, tit. III, chap. III, art. 1, §. 10.

TITRE VI.

Procédure devant le tribunal criminel.

ARTICLE PREMIER.

Nul homme ne peut être pourſuivi devant un tribunal criminel, & jugé que ſur une accuſation reçue par un juré, compoſé de huit citoyens.

Voyez l'acte conſtitutionnel, tit. III, chap. V, art. 9.

ART. II.

Si le juré a déclaré qu'il y a lieu à accuſation, le procès & l'accuſé, dans le cas où il ſera détenu, ſeront envoyés, par les ordres du commiſſaire du roi, au tribunal criminel du département, & ce dans les vingt-quatre heures de la ſignification qui aura été faite à l'accuſé de l'ordonnance de priſe-de-corps.

ART. III.

Néanmoins, dans les deux cas ci-après : ſavoir, ſi le juré d'accuſation eſt celui du lieu où eſt établi le tribunal criminel, ou ſi l'accuſé eſt domicilié dans le diſtrict où ſiége le tribunal, l'accuſé aura le droit de demander à être jugé par l'un des tribunaux criminels des deux départemens les plus voiſins.

ART. IV.

L'accuſé ne pourra cependant exercer ce droit, qu'autant

que le tribunal criminel qu'il est autorisé à décliner dans les deux cas ci-dessus, se trouve établi dans une ville au-dessous de quarante mille ames.

A r t. V.

Lorsque l'accusé se trouvera dans l'un des deux cas mentionnés dans l'article ci-dessus, l'ordonnance de prise de-corps, après avoir énoncé l'ordre de le conduire dans la maison de justice du tribunal criminel du département, dénommera en outre les tribunaux criminels les plus voisins entre lesquels l'accusé pourra opter.

A r t. V I.

Dans les cas mentionnés ci-dessus, si l'accusé est détenu dans la maison d'arrêt, il notifiera au greffe son option dans les vingt-quatre heures de la signification qui lui aura été faite de l'acte d'accusation : après lequel temps il sera envoyé à la maison de justice, soit du tribunal direct, soit de celui qu'il aura choisi. S'il y a plusieurs accusés qui ne puissent s'accorder sur le tribunal, il sera tiré au sort entre eux.

A r t. V I I.

Si dans les mêmes cas, l'accusé n'avoit pu être saisi sur le mandat d'amener de l'officier de police, mais seulement en vertu de l'ordonnance de prise-de-corps, il sera conduit par celui qui en est porteur, devant le juge-de-paix du lieu où il sera trouvé, pour y passer sa déclaration de l'option dont il vient d'être parlé, ou de son refus de la faire, de laquelle déclaration le juge-de-paix gardera minute, & délivrera expédition au porteur de l'ordonnance.

A r t. V I I I.

Le porteur de l'ordonnance, après avoir remis l'accufé dans la maifon de juftice du tribunal direct, ou de celui qu'il aura choifi, remettra également au greffe la déclaration de l'accufé, ainfi que l'ordonnance de prife-de-corps.

A r t. I X.

Le greffier donnera connoiffance de ces deux actes à l'accufateur public. Si le tribunal que l'accufé a préféré n'eft pas le tribunal direct, l'accufateur public fera notifier ces actes au greffe du tribunal du diftrict où l'accufation a été reçue; & fur la réquifition qu'il en fera par l'acte même de notification, les pièces lui feront auffitôt envoyées.

A r t. X.

Dans tous les cas, vingt-quatre heures au p'us tard après fon arrivée & la remife ᴅes pièces au greffe, l'accufé fera entendu par le préfident ou par l'un des juges qu'il commettra à cet effet, en préfence de l'accufateur public. Le greffier tiendra note de fes réponfes, laquelle fera remife au préfident.

A r t. X I.

Les notes de l'interrogatoire, ainfi que les éclairciffe-mens par écrit qui auront été pris par les officiers de po-lice & le directeur du juré, feront envoyés au greffe du tribunal criminel & remis au préfident, lequel en don-nera connoiffance à l'accufateur public : le tout pour fervir de renfeignement feulement.

A r t. X I I.

Si l'accufateur public ou la partie produifent des té-moins nouveaux, leurs dépofitions feront faites & reçues par écrit, par le préfident ou par le juge qu'il commettra à cet effet. Il en fera de même à l'égard de ceux qui feront produits par l'accufé : le tout fans préjudice des témoins que l'accufé pourra toujours faire entendre lors de l'examen. Ces nouvelles dépofitions, ainfi que les anciennes, feront toutes remifes au préfident, pour fervir de renfeignement feulement.

A r t. X I I I.

Tout accufé pourra faire choix d'un ou deux amis pour l'aider & lui fervir de confeil dans fa défenfe ; finon le préfident lui en défignera un ; mais les confeils ne pourront jamais communiquer avec l'accufé que lorfqu'il aura été entendu.

Voyez l'acte conftitutionnel, tit. III, chap. V, art. 9.

A r t. X I V.

Les témoins feront tenus de comparoître fur l'affignation qui leur fera donnée, fous peine d'amende & de contrainte par corps : lefquelles peines feront prononcées par les officiers de police, tribunal de diftrict, ou tribunal criminel devant lefquels les témoins auront été affignés pour dépofer, à moins qu'ils ne préfentent une excufe, laquelle fera jugée par le tribunal qui les aura affignés.

A r t. X V.

Chaque témoin qui demandera une indemnité, fera taxé par l'officier qui l'aura fait affigner, fuivant un tarif uniforme qui fera dreffé à cet effet par les directoires de département.

A r t. X V I.

Les témoins néanmoins pourront être entendus dans

le débat, quoiqu'ils n'aient pas été affignés ni reçus à dépofer préalablement par écrit.

Voyez ci-deffous, titre VII.

A r t. X V I I.

Le premier de chaque mois, le préfident du tribunal criminel fera former le tableau des jurés, de la manière qu'il fera dit au titre XI.

A r t. X V I I I.

Le 15 de chaque mois, s'il y a quelque affaire à juger, le juré de jugement s'affemblera, fur la convocation qui en fera faite le 5 du même mois.

A r t. X I X.

L'accufateur public fera tenu, auffitôt après l'interrogatoire, de faire fes diligences de manière que l'accufé puiffe être jugé à la première affemblée du juré qui fuivra fon arrivée.

A r t. X X.

Si l'accufateur public ou l'accufé ont des motifs de demander que l'affaire ne foit pas portée à la première affemblée du juré, ils préfenteront leur requête en prorogation de délai au tribunal criminel, lequel décidera fi cette prorogation doit, ou non, être accordée.

A r t. X X I.

Si le tribunal criminel juge qu'il y a lieu d'accorder la demande, ce délai ne pourra néanmoins être prorogé au-delà de l'affemblée de jurés qui aura lieu le 15 du mois fuivant.

A r t. X X I I.

La requête en prorogation de délai fera préfentée avant le 15 de chaque mois, époque de la convocation du juré.

A r t. X X I I I.

Le nombre de douze jurés fera abfolument néceffaire pour former un juré de jugement.

Voyez ci-deffous, titre VIII, art. 28.

A r t. X X I V.

Le préfident, en préfence du public, du commiffaire du roi, de l'accufateur & de l'accufé, fera prêter à chaque juré féparément le ferment fuivant :

« C I T O Y E N,

» Vous jurez & promettez d'examiner avec l'attention
» la plus fcrupuleufe, les charges portées contre un tel....;
» de ne communiquer avec perfonne jufqu'après votre dé-
» claration; de n'écouter ni la haine ou la méchanceté, ni
» la crainte ou l'affection; de vous décider d'après les charges
» & moyens de défenfe & fuivant votre confcience & votre
» intime conviction, avec l'impartialité & la fermeté qui
» conviennent à un homme libre. »

Voyez ci-deffous le titre VII, article 22.

A r t. X X V.

Le ferment prêté, les jurés prendront place tous enfemble fur des fiéges féparés du public & des parties, & ils feront placés en face de l'accufé & des témoins.

TITRE VII.

De l'examen & de la conviction.

ARTICLE PREMIER.

En préfence des juges, de l'accufateur public, du commiffaire du roi, des jurés & du public, l'accufé comparoîtra à la barre, libre & fans fers. Le préfident lui dira qu'il peut s'affeoir, lui demandera fon nom, âge, profeffion & demeure, dont il fera tenu note par le greffier.

ART. II.

Le préfident avertira l'accufé d'être attentif à tout ce qu'il va entendre; il ordonnera au greffier de lire l'acte d'accufation; après quoi il dira à l'accufé : « Voilà de » quoi l'on vous accufe : vous allez entendre les charges » qui feront produites contre vous ».

ART. III.

L'accufateur public expofera le fujet de l'accufation; il fera entendre fes témoins, ainfi que la partie plaignante, s'il y en a. Les témoins, avant de dépofer, prêteront ferment de *parler fans haine & fans crainte ; de dire la vérité, toute la vérité, rien que la vérité.*

ART. IV.

La lifte des témoins qui doivent dépofer, fera notifiée à l'accufé vingt-quatre heures au moins avant l'examen.

ART. V.

L'examen des témoins fera toujours fait de vive voix, & fans que leurs dépofitions foient écrites.

A r t. V I.

Après chaque dépofition le préfident demandera à l'accufé s'il veut répondre à ce qui vient d être dit contre
lui. L'accufé pourra, ainfi que fes amis ou confeils, dire
tant contre les témoins que contre leur témoignage, ce
qu'il jugera utile à fa défenfe.

A r t. V I I.

Le témoin fera toujours tenu de déclarer d'abord, fi c'eft
de l'accufé préfent qu'il entend parler, & s'il connoiffoit
l'accufé avant le fait qui a donné lieu à l'accufation.

A r t, V I I I.

Il fera demandé au témoin s'il eft parent, allié, fervi-
teur, & domeftique d'aucune des parties.

A r t. I X.

Lorfque les témoins de l'accufateur public & de la partie
plaignante, s'il y en a, auront été entendus, l'accufé pourra
faire entendre les fiens. L'accufateur public ou la partie
plaignante, pourront également s'adreffer au préfident pour
les queftionner & dire fur eux ou leur témoignage, tout
ce qu'ils jugeront néceffaire.

A r t. X.

Les témoins ne pourront jamais s'interpeller entre eux.

A r t. X I.

Les témoins feront entendus féparément; néanmoins

l'accufé pourra par lui-même ou par fes amis ou confeils, demander qu'ils foient entendus en préfence les uns des autres. Il pourra demander encore, après qu'ils auront dépofé, que ceux qu'il défignera fe retirent de l'auditoire, & qu'un ou plufieurs d'entre eux foient introduits & entendus de nouveau féparément, ou en préfence les uns des autres.

A r t. X I I.

L'accufateur public aura la même faculté à l'égard des témoins produits par l'accufé.

A r t. X I I I.

Les confeils prêteront ferment de n'employer que la vérité dans la défenfe des accufés ; & feront tenus de s'exprimer avec décence & modération.

A r t. X I V.

L'accufé pourra faire entendre des témoins pour attefter qu'il eft homme d'honneur & de probité, & d'une conduite irréprochable. Les jurés auront tel égard que de raifon à ce témoignage.

A r t. X V.

Ne pourront être entendus en témoignage les afcendans contre leurs defcendans, & réciproquement les frères & fœurs contre leurs frères & fœurs; un mari contre fa femme, ou une femme contre fon mari; & les alliés au même degré.

A r t. X V I.

Pendant l'examen, les juges & les jurés pourront prendre note de ce qui leur paroîtra important, pourvu que la difcuffion n'en foit pas interrompue.

A r t. X V I I.

Tous les effets trouvés lors du délit ou depuis, pouvant fervir à conviction, feront repréfentés à l'accufé ; & il lui fera demandé de répondre perfonnellement s'il les reconnoît.

A r t. X V I I I.

A la fuite des dépofitions, l'accufateur public fera entendu. La partie plaignante pourrra demander à faire des obfervations ; l'accufé ou fes amis pourront leur répondre.

A r t. X I X.

Le préfident réfumera l'affaire, fera remarquer aux jurés les principales preuves pour & contre l'accufé. Il terminera en leur rappelant avec fimplicité les fonctions qu'ils ont à remplir, & en pofant nettement les diverfes queftions qu'ils doivent décider, relativement au fait, à fon auteur & à l'intention.

A r t. X X.

Le préfident dira aux jurés qu'ils doivent d'abord déclarer fi le fait de l'accufation eft conftant ou non ; enfuite, fi un tel qui eft accufé, eft, ou non, convaincu de l'avoir commis.

A r t. X X I.

Le préfident pofera les queftions relatives à l'intention, réfultantes de l'acte d'accufation, ou qu'il jugera réfulter de la défenfe de l'accufé ou du débat. Il difpofera ces queftions fuivant l'ordre dans lequel elles doivent être décidées, en commençant par les plus favorables à l'accufé : il les remettra par écrit au chef des jurés, lefquels feront tenus d'y délibérer.

Art. XXII.

Le préfident ordonnera aux jurés de fe retirer dans leur chambre; ils y refteront fàns pouvoir communiquer avec perfonne : le premier infcrit fur le tableau fera leur chef.

Voyez ci-deffus , titre VI, art. 24.

Art. XXIII.

Lorfque les jurés fe trouveront en état de donner leurs déclarations, ils feront avertir le préfident qui commettra l'un des juges, lequel, avec le commiffaire du roi, paffera dans la chambre du confeil, où le chef du juré fe rendra pareillement. Les jurés, fucceffivement & en l'abfence les uns des autres, feront, chacun devant eux, leurs déclarations particulières, de la manière qui va être expliquée.

Art. XXIV.

Chaque juré, en commençant par leur chef, donnera d'abord fa déclaration fur le fait, pour décider fi le fait porté dans l'acte d'accufation eft conftant ou non. Si cette première déclaration eft affirmative, il en fera fur-le-champ une feconde fur l'accufé, pour déclarer s'il eft, ou non, convaincu.

Art. XXV.

Ceux des jurés qui auront déclaré que le fait n'eft pas conftant, n'auront pas d'autre déclaration à faire; & leurs voix feront comptées en faveur de l'accufé pour les déclarations fuivantes. Ceux qui ayant trouvé le fait conftant, auront déclaré que l'accufé n'en eft pas convaincu, n'auront aucune autre déclaration à faire, & leurs voix feront également comptées en faveur de l'accufé, pour les déclarations qui pourront fuivre.

A r t. X X V I.

Ceux des jurés dont les premières déclarations auront été affirmatives, en feront une troisième, relative à l'intention, sur les questions posées par le président.

A r t. X X V I I.

Dans les délits qui renferment des circonstances indépendantes entr'elles, telles que dans une accusation de vol, pour savoir s'il a été commis de nuit, avec effraction, par une personne domestique, avec récidive, &c. le président posera séparément ces diverses questions, & il sera fait sur chacune d'elles une déclaration distincte & séparée, par tous ceux des jurés qui auront fait une déclaration affirmative sur le fait de l'accusation & sur l'auteur.

A r t. X X V I I I.

L'opinion de trois jurés suffira toujours en faveur de l'accusé, soit pour décider que le fait n'est pas constant, soit pour décider en sa faveur les questions relatives à l'intention, posées par le président.

A r t. X X I X.

Chaque juré prononcera les diverses déclarations ci-dessus dans la forme suivante. Il mettra la main sur son cœur, & dira : *Sur mon honneur & ma conscience, le fait est constant*, ou *le fait ne me paroît pas constant : l'accusé est convaincu*, ou *l'accusé ne me paroît pas convaincu.* La même forme sera observée dans les autres déclarations.

A r t. X X X.

Pour constater ces diverses déclarations, des boîtes

blanches & des boîtes noires feront placées fur le bureau de la chambre du confeil. Les boîtes blanches ferviront pour exprimer que le fait n'eft pas conftant, que l'accufé n'eft pas convaincu, & la décifion favorable à l'accufé fur les queftions relatives à l'intention, pofées par le préfident.

A r t. X X X I.

Après chacune de fes déclarations, chaque juré, en témoignage de fon opinion qu'il aura prononcée à haute voix, dépofera oftenfiblement dans les boîtes, des boules d'une couleur femblable.

A r t. X X X I I.

Cela fait, les jurés feront appelés, & en leur préfence il fera fait ouverture des boîtes. Les boules feront comptées, les déclarations partielles feront raffemblées pour former la déclaration générale du juré.

A r t. X X X I I I.

Les jurés rentreront dans l'auditoire, & après avoir repris leurs places, le préfident leur demandera fi un tel eft convaincu d'avoir, &c. &c. Le chef du juré dira : *Sur mon honneur & ma confcience, la déclaration du juré eft :* *Un tel n'eft pas convaincu ;* ou bien, *Un tel eft convaincu :* *Un tel eft convaincu d'avoir.... mais involontairement, ou pour la légitime défenfe de foi ou d'autrui, &c.*

A r t. X X X I V.

La déclaration du juré fera reçue par le greffier, fignée de lui & du préfident.

A r t. X X X V.

Tous les accufés compris dans le même acte d'accufation, feront jugés par le même juré.

A r t. X X X V I.

S'il y a plusieurs coaccusés, le tribunal déterminera celui qui sera le premier présenté au débat, en commençant toujours par le principal accusé, s'il y en a un. Les autres coaccusés y seront présens & pourront y faire leurs observations. Il sera fait ensuite un débat pour chacun d'eux, sur les circonstances qui lui seront particulières.

A r t. X X X V I I.

Le juré ne pourra donner de déclaration sur un délit qui ne seroit pas porté dans l'acte d'accusation, quelle que soit la déposition des témoins.

A r t. X X X V I I I.

Si l'accusé est déclaré non convaincu du fait porté dans l'acte d'accusation, & qu'il ait été inculpé sur un autre par les dépositions des témoins, le président, d'office, ou sur la demande de l'accusateur public, ordonnera qu'il soit arrêté de nouveau ; il recevra les éclaircissemens que le prévenu donnera sur ce nouveau fait ; &, s'il y a lieu, il délivrera un mandat d'arrêt, & renverra le prévenu, ainsi que les témoins, devant un juré d'accusation, pour être procédé à une nouvelle instruction.

A r t. X X X I X.

Dans ce cas, le juré d'accusation pourra être celui du district dans le chef-lieu duquel siége le tribunal criminel.

Voyez par exception, l'art. 3 du titre VI ci-dessus.

A r t. X L.

Si l'accusé est déclaré convaincu du fait porté dans l'acte

d'accufation, il pourra encore être pourfuivi pour raifon du nouveau fait ; mais s'il eft déclaré convaincu du fecond délit, il n'en fubira la peine qu'autant qu'elle feroit plus forte que celle du premier : auquel cas il fera furfis à l'exécution du jugement.

Art. XLI.

Si la dépofition d'un témoin eft évidemment fauffe, le préfident, d'office, en fera dreffer procès-verbal ; & pourra, fur la réquifition de l'accufateur public ou de l'accufé, faire arrêter fur-le-champ le témoin ; &, après avoir reçu les éclairciffemens, délivrer un mandat d'arrêt contre lui, & le renvoyer devant le juré d'accufation du lieu. L'acte d'accufation, dans ce cas, fera dreffé par le préfident.

TITRE VIII.

Du jugement & de l'exécution.

Article premier.

Lorfque l'accufé aura été déclaré non convaincu, le préfident prononcera qu'il eft acquitté de l'accufation, & ordonnera qu'il foit mis fur-le-champ en liberté.

Art. II.

Il en fera de même fi les jurés ont déclaré que le fait a été commis involontairement, fans aucune intention de nuire, ou pour la légitime défenfe de foi ou d'autrui.

Art. III.

Tout particulier, ainfi acquitté, ne pourra plus être repris ni accufé pour raifon du même fait.

Voyez l'acte conftitutionnel, tit. III, chap. 5, art. 9.

A r t.   I V.

Lorsque l'accusé aura été déclaré convaincu, le président, en présence du public, le fera comparoître, & lui donnera connoissance de la déclaration du juré.

A r t.   V.

Sur cela, le commissaire du roi fera sa réquisition au tribunal pour l'application de la loi.

A r t.   V I.

Le président demandera à l'accusé s'il n'a rien à dire pour sa défense. Lui, ses amis ou conseils, ne pourront plus plaider que le fait est faux ; mais seulement qu'il n'est pas défendu ou qualifié crime par la loi, ou qu'il ne mérite pas la peine dont le commissaire du roi a requis l'application.

A r t.   V I I.

Les juges prononceront ensuite, & sans désemparer, la peine établie par la loi ; ou acquitteront l'accusé dans le cas où le fait dont il est convaincu, n'est pas défendu par elle. Il sera libre aux juges de se retirer dans une chambre pour y délibérer.

A r t.   V I I I.

Lorsque les jurés auront déclaré que le fait de l'excuse proposée par le président est prouvé, les juges prononceront, ainsi qu'il est dit dans le code pénal.

Voyez le code pénal, deuxième partie, titre II, section première.

Art.

A r t. I X.

Les juges donneront leur avis à haute voix, en présence du public, en commençant par le plus jeune & finissant par le président.

A r t. X.

Si les juges étoient partagés pour l'application de la loi, l'avis le plus doux passera. S'il y a plus de deux avis ouverts, & si deux juges sont réunis à l'avis le plus sévère, ils appelleront des juges du tribunal de district pour les départager, à commencer par le premier après le président, & ainsi de suite par ordre du tableau.

A r t. X I.

Le président, après avoir recueilli les voix, & avant de prononcer le jugement, lira le texte de la loi sur laquelle il est fondé.

A r t. X I I.

Le greffier écrira le jugement, dans lequel sera inséré le texte de la loi lu par le président.

A r t. X I I I.

Le président prononcera à l'accusé son jugement de condamnation ; il lui retracera la manière généreuse & impartiale avec laquelle il a été jugé. Il pourra l'exhorter à la fermeté & à la résignation, & il lui rappellera les voies de droit qu'il peut encore employer pour sa défense.

A r t. X I V.

Lorsque le jugement de condamnation aura été pro-
Code criminel. F

noncé à l'accusé, il sera sursis pendant trois jours à son exécution.

Art. XV.

Le condamné aura le droit de se pourvoir en cassation contre le jugement du tribunal. A cet effet, il sera tenu, dans le susdit délai de trois jours, de remettre sa requéte en cassation au greffier, lequel lui en delivrera reconnoissance. Celui-ci remettra la requéte au commissaire 'u roi, qui sera tenu de l'envoyer aussitôt au ministre de la justice, après en avoir délivré reconnoissance au greffier.

Art. XVI.

Le commissaire du roi pourra également demander, au nom de la loi, la cassation du jugement Il sera tenu, dans le même délai de trois jours, d'en passer sa déclaration au greffe.

Art. XVII.

Néanmoins, dans le cas d'absolution par un jugement, le commissaire du roi n'aura que vingt-quatre heures pour se pourvoir, pendant lequel temps il sera sursis à l'élargissement du prisonnier.

Art. XVIII.

Les requêtes en cassation seront adressées directement au ministre de la justice, lequel sera tenu, dans les trois jours, d'en donner avis au président, & d'en accuser la réception au commissaire du roi, qui en donnera connoissance au condamné & à son conseil.

Art. XIX.

Dans le cas où la demande en cassation aura été préfentée par le condamné, elle ne pourra être jugée qu'après un mois révolu, à compter du jour de l'admiſſion de la requête ; & pendant ce délai le condamné pourra faire parvenir au tribunal de caſſation, par le miniſtre de la juſtice, les moyens qu'il voudra employer.

A r t. X X.

Le tribunal de caſſation rejettera la requête, ou annullera le jugement. Dans ce dernier cas, il exprimera ſa déciſion, le motif de la caſſation, & renverra le procès à un autre tribunal criminel.

A r t. X X I.

Le miniſtre de la juſtice enverra, ſans délai, la déciſion du tribunal de caſſation au préſident du tribunal criminel & au commiſſaire du roi, lequel en donnera connoiſſance à l'accuſé & à ſon conſeil.

A r t. X X I I.

Lorſque le jugement aura été annullé, l'accuſé ſera toujours renvoyé en perſonne devant le tribunal criminel indiqué par le tribunal de caſſation.

A r t. X X I I I.

Dans le cas où le jugement aura été annullé à raiſon de fauſſe application de la loi, le tribunal criminel rendra ſon jugement ſur la déclaration déja faite par le juré, après avoir entendu l'accuſé ou ſes conſeils, ainſi que le commiſſaire du roi.

A r t. X X I V.

Dans le cas où le jugement aura été annullé à raiſon

F 2

de violation ou d'omiſſion de formes eſſentielles dans l'inſtruction du procès, l'accuſé, ainſi que les témoins, feront préſentés à l'examen d'un nouveau juré qui ſera aſſemblé à cet effet.

Art. XXV.

Paſſé le délai de trois jours mentionné en l'article 16, s'il n'y a point eu de demande en caſſation, ou dans les vingt-quatre heures après la réception de la déciſion qui aura rejeté cette demande, la condamnation ſera exécutée.

Art. XXVI.

Cette exécution ſe fera ſur les ordres du commiſſaire du roi, qui aura le droit, à cet effet, de requérir l'aſſiſtance de la force publique.

Art. XXVII.

La déciſion des jurés ne pourra jamais être ſoumiſe à l'appel. Si néanmoins le tribunal eſt unanimement convaincu que les jurés ſe ſont trompés, il ordonnera que trois jurés ſeront adjoints aux douze premiers, pour donner une déclaration aux quatre cinquièmes des voix.

Art. XXVIII.

A cet effet, après avoir formé le tableau du juré, il en ſera toujours tiré au ſort trois de plus, leſquels ſeront placés ſéparément dans l'auditoire; ils prêteront ſerment lorſqu'ils ſeront requis de ſe joindre aux autres jurés.

Voyez le ſerment, *ci-devant*, titre VI, art. 24.

Art. XXIX.

Le nouvel examen ne pourra avoir lieu que dans le

cas feulement où l'accufé auroit été convaincu, & jamais lorfqu'il auroit été acquitté.

A r t. X X X.

Le filence le plus abfolu fera obfervé dans l'auditoire. Si quelque particulier s'écartoit du refpect dû à la juftice, le préfident pourra le reprendre, le condamner à une amende, ou même à garder prifon jufqu'au terme de huit jours, fuivant la gravité des faits.

A r t. X X X I.

Le tribunal criminel fera compétent pour connoître des intérêts civils réfultans des procès criminels, & il y ftatuera fur-le-champ en dernier reffort.

A r t. X X X I I.

Le tribunal criminel fera également compétent pour prononcer les punitions correctionnelles réfultantes des procès portés devant lui.

T I T R E IX.

Des contumaces.

A r t i c l e p r e m i e r.

Si, fur l'ordonnance de prife-de-corps, ou de fe repréfenter en juftice, l'accufé ne comparoît pas dans la huitaine, & ne peut pas être faifi, le préfident du tribunal criminel rendra une ordonnance portant qu'il fera fait perquifition de fa perfonne, & que chaque citoyen eft tenu d'indiquer l'endroit où il fe trouve.

A r t. I I.

Cette ordonnance, avec celle de prife-de-corps, fera

affichée à la porte de l'accufé & à fon domicile élu, ainfi qu'à la porte de l'auditoire pour ceux qui ne font pas domiciliés; elle fera également notifiée à fes cautions, s'il en a fourni.

A r t. I I I.

Cette ordonnance fera proclamée dans les lieux ci-deffus énoncés, pendant deux dimanches confécutifs : paffé ce temps, les biens de l'accufé feront faifis.

A r t. I V.

Huitaine après la dernière proclamation, le préfident du tribunal rendra une feconde ordonnance, portant qu'un tel.... eft déchu du titre de citoyen français; que toute action en juftice lui eft interdite pendant tout le temps de fa contumace, & qu'il va être procédé contre lui, malgré fon abfence. Cette ordonnance fera fignifiée, proclamée & affichée aux lieux & dans la même forme que deffus.

A r t. V.

Après un nouveau délai de quinzaine, le procès fera continué dans la forme qui eft prefcrite pour les accufés préfens, à l'exception toutefois que les dépofitions de té-moins, reçues par écrit, feront lues aux jurés qui auront été tirés au fort.

Voyez le titre VII de cette même loi.

A r t. V I.

Aucun confeil ne pourra fe préfenter pour défendre l'accufé contumax fur le fond de l'affaire. Seulement, s'il eft dans l'impoffibilité abfolue de fe rendre, il enverra fon excufe, dont la légitimité pourra être plaidée par fes amis, & fera décidée par le tribunal.

Art. VII.

Dans le cas où le tribunal trouveroit l'excuse légitime, il ordonnera qu'il sera sursis à l'examen & au jugement pendant un temps qu'il fixera, eu égard à la nature de l'excuse & à la distance des lieux.

Art. VIII.

Les condamnations qui interviendront contre un accusé contumax, seront exécutées, en les inscrivant dans un tableau qui sera suspendu au milieu de la place publique.

Art. IX.

L'accusé contumax pourra, en tout temps, se représenter, en se constituant prisonnier, & donnant connoissance au président de sa comparution. De ce jour, tous jugemens & procédures faits contre lui seront anéantis, sans qu'il soit besoin d'aucun jugement nouveau. Il en sera de même s'il est repris & arrêté.

Art. X.

Il rentrera également dans tous ses droits civils, à compter de ce jour ; ses biens lui seront rendus, ainsi que les fruits de ceux qui auront été saisis, à la déduction des frais de régie & de ceux du procès.

Art. XI.

Il sera de nouveau procédé à l'examen & au jugement de l'accusé contumax qui se sera représenté, ou qui aura été repris. Néanmoins les dépositions écrites des témoins décédés pendant son absence, seront lues au juré, qui aura tel égard que de raison à cette circonstance.

A r t. X I I.

Dans le cas même d'abfolution, l'accufé qui a été contumax, pourra être condamné, par forme de correction, à garder prifon pendant huit jours. Le juge pourra auffi lui faire en public, une réprimande pour avoir douté de la juftice & de la loyauté de fes concitoyens.

A r t. X I I I.

Pendant tout le temps de la contumace, le produit des biens de l'accufé fera verfé dans la caiffe du diftrict. Néanmoins, s'il a une femme & des enfans, ou un père ou une mère dans le befoin, ils pourront demander, fur les biens perfonnels de l'accufé, la diftraction à leur profit, d'une fomme, laquelle fera fixée par le tribunal civil.

A r t. X I V.

Tout accufé qui s'évadera des maifons d'arrêt ou de juftice, fera regardé comme contumax; & il fera procédé contre lui, ainfi qu'il vient d'être dit.

A r t. X V.

La peine portée dans le jugement de condamnation fera prefcrite par vingt années, à compter de la date du juge-ment; mais ce temps paffé, l'accufé ne fera plus reçu à fe préfenter pour purger fa contumace.

A r t. X V I.

Après la mort de l'accufé prouvée légalement, ou après cinquante ans de la date du jugement, les biens, à l'ex-ception des fruits, feront reftitués à fes héritiers légitimes. Néanmoins, après vingt ans, les héritiers feront provi-foirement envoyés en poffeffion des biens, en donnant caution.

TITRE X.

De la manière de former le juré d'accusation.

ARTICLE PREMIER.

Le procureur-syndic formera, tous les trois mois, la lifte de trente citoyens qui ferviront de jurés dans les accufations ; elle fera approuvée par le directoire, & envoyée à chacun des membres qui la compoferont.

ART. II.

Nul ne pourra être placé fur la lifte, s'il ne réunit les conditions requifes pour être électeur.

Voyez l'article premier du titre XI, qui fuit.

ART. III.

Le tribunal de diftrict indiquera un des jours de la femaine, pour l'affemblée du juré d'accufation.

ART. IV.

Huitaine avant ce jour, le directeur du juré fera tirer au fort, en préfence du commiffaire du roi & du public, huit citoyens fur la lifte des trente, pour en former le *tableau* du juré d'accufation.

ART. V.

S'il y a lieu d'affembler le juré d'accufation, ceux qui doivent le compofer, feront avertis quatre jours d'avance de fe rendre au jour fixé, fous peine de trente livres d'amende, & d'être privés du droit d'éligibilité & de suffrage pendant deux ans.

Art. VI.

Lorsque les citoyens inscrits sur la liste, prévoiront pour l'un des jours d'assemblée du juré quelque obstacle qui pourroit les empêcher de s'y rendre, s'il arrivoit qu'ils y fussent appelés par le sort, ils en donneront connoissance au directeur du juré, deux jours au moins avant celui de la formation du *tableau* des huit, pour lequel ils desirent d'être excusés.

Art. VII.

La valeur de cette excuse sera jugée dans les vingt-quatre heures par le tribunal de district.

Art. VIII.

Si l'excuse est jugée suffisante, le nom de celui qui l'a présentée sera retiré pour cette fois de la liste. Si elle est jugée non valable, son nom sera soumis au sort comme celui des autres.

Art. IX.

Si celui qui a présenté l'excuse est désigné par le sort pour être un des huit qui forment le tableau du juré d'accusation, il lui sera signifié que son excuse a été jugée non valable; qu'il est sur le tableau des jurés, & qu'il ait à se rendre au jour fixé pour l'assemblée. Copie de cette signification sera laissée à sa personne ou à son domicile. A défaut de signification à la personne, elle sera laissée à un des officiers municipaux du lieu, qui sera tenu de lui en donner connoissance.

Art. X.

Tout juré qui ne se sera pas rendu sur la sommation

qui lui en aura été faite, fera condamné aux peines mentionnées dans l'article 5. Sont exceptés de la présente disposition ceux qui prouveroient qu'ils font retenus pour caufe de maladie grave.

A r t. X I.

Dans tous les cas, s'il manquoit un ou plufieurs jurés au jour indiqué, le directeur du juré les fera remplacer par des citoyens de la ville, tirés au fort, en préfence du commiffaire du roi & du public, dans la lifte des trente; & fubfidiairement parmi les citoyens du lieu, ayant les conditions requifes pour être électeur.

T I T R E X I.

De la manière de former le juré de jugement.

A r t i c l e p r e m i e r.

Nul citoyen défigné par la loi pour fervir de juré, ne peut fe refufer à cette obligation.

A r t. I I.

Tout citoyen ayant les conditions requifes pour être électeur, fe fera infcrire avant le 15 de décembre de chaque année, pour fervir de juré de jugement, fur un regiftre qui fera tenu à cet effet par le fecrétaire-greffier de chaque diftrict.

A r t. I I I.

Le procureur-fyndic du diftrict enverra, dans les quinze derniers jours de décembre, une copie de ce regiftre au procureur-général-fyndic du département, & en fera remettre un exemplaire à chaque municipalité de son arrondissement.

A r t.   I V.

Ceux qui auront négligé de se faire inscrire pendant le mois de décembre, au plus tard, sur le registre du district dans l'arrondissement duquel ils exercent les droits de citoyens actifs & d'éligibilité, seront privés des droits de suffrage à toute fonction publique pendant le cours des deux années suivantes.

A r t.   V.

Ne pourront être jurés les officiers de police, les juges, les commissaires du roi, l'accusateur public, les procureurs-généraux-syndics & les procureurs-syndics des administrations, ainsi que tous les citoyens qui n'ont pas les conditions requises pour être électeurs. Les ecclésiastiques & les septuagénaires pourront s'en dispenser.

A r t.   V I.

Sur tous les citoyens ayant les qualités requises, inscrits dans les registres des directoires, le procureur général-syndic du département en choisira, tous les trois mois, deux cents qui formeront la liste du juré du jugement. Cette liste sera approuvée par le directoire, imprimée & envoyée à tous ceux qui la composeront.

A r t.   V I I.

Un citoyen ne pourra jamais, sans son consentement, être placé plus d'une fois sur la liste pendant la révolution d'une année ; & si pendant les trois mois que son nom sera sur la liste il a assisté à une assemblée de juré, il pourra s'excuser d'en remplir une seconde fois les fonctions : le tout à moins qu'il n'habite la ville même où siége le tribunal criminel.

Art. VIII.

Nul ne pourra être juré de jugement dans la même affaire où il auroit été juré d'accusation.

Art. IX.

Lorsqu'il s'agira de former, le premier de chaque mois, le tableau des douze jurés, ainsi qu'il est dit article 7, titre VI, le président du tribunal criminel, en présence du commissaire du roi & de deux officiers municipaux, lesquels prêteront le serment de garder le secret, présentera à l'accusateur public la liste des deux cents jurés. Celui-ci aura la faculté d'en exclure vingt, sans donner de motif. Le reste des noms sera mis dans le vase pour être tiré au sort & former le tableau des douze jurés.

Voyez ci-devant le titre VIII, art. 23, sur la nécessité de tirer au sort trois suppléans.

Art. X.

Le tableau des douze jurés de jugement ainsi formé, sera présenté à l'accusé, qui pourra, dans les vingt-quatre heures, récuser ceux qui le composent ; ils seront remplacés par le sort.

Art. XI.

Si l'accusé avoit exercé vingt récusations, celles qu'il voudroit présenter ensuite, devront être fondées sur des causes dont le tribunal jugera la validité.

Art. XII.

Cette récusation de vingt jurés pourra être faite par plusieurs coaccusés, s'ils se concertent ensemble pour l'exer-

cer ; & s'ils ne peuvent s'accorder, chacun d'eux féparément pourra récuſer dix jurés.

Art. XIII.

Dans ce dernier cas, chacun d'eux récuſera ſucceſſivement un des jurés, juſqu'à ce que ſa faculté de récuſer
ſoit épuiſée.

Art. XIV.

Lorſque les citoyens inſcrits ſur la liſte des deux cents
prévoiront pour le 15 du mois ſuivant, quelque obſtacle
qui pourroit les empêcher de ſe rendre à l'aſſemblée
du juré, s'il arrivoit qu'ils y fuſſent appelés par le ſort,
ils en donneront connoiſſance au préſident du tribunal
criminel, deux jours au moins avant le premier du mois
pendant lequel ils deſirent d'être excuſés.

Art. XV.

La valeur de cette excuſe ſera jugée dans les vingt-quatre
heures, par le tribunal criminel.

Art. XVI.

Si l'excuſe eſt jugée ſuffiſante, le nom de celui qui l'a
préſentée ſera retiré pour cette fois de la liſte. Si elle eſt
jugée non valable, ſon nom ſera ſoumis au ſort comme
celui des autres.

Art. XVII.

Si celui qui a préſenté l'excuſe, eſt déſigné par le ſort
pour être un des douze qui forment le tableau du juré de
jugement, il lui ſera ſignifié que ſon excuſe a été jugée
non-valable ; qu'il eſt ſur le tableau du juré, & qu'il ait
à ſe rendre au jour fixé pour l'aſſemblée du juré. Copie

de cette signification sera laissée à sa personne ou à son domicile, & à défaut de signification à la personne, elle sera laissée à l'un des officiers municipaux du lieu, qui sera tenu de lui en donner connoissance.

A r t. XVIII.

Tout juré qui ne se sera pas rendu sur la sommation qui lui en aura été faite, sera condamné en 50 livres d'amende, & à être privé du droit d'éligibilité & de suffrage pendant deux ans. Sont exceptés de la présente disposition ceux qui prouveroient qu'ils sont retenus pour cause de maladie grave.

A r t. XIX.

Dans tous les cas, s'il manquoit un ou plusieurs jurés au jour indiqué, le directeur du juré les fera remplacer par des citoyens de la ville, tirés au sort en présence du commissaire du roi & du public, dans la liste des deux cents, & subsidiairement parmi les citoyens du lieu ayant les conditions d'électeur.

TITRE XII.

Procédure particulière sur le faux, la banqueroute, concussion, malversation de deniers.

A r t i c l e   p r e m i e r.

Toute plainte ou dénonciation en faux, en banqueroute frauduleuse, en concussion, péculat, vol de commis ou d'associés en matière de finance, commerce ou banque, seront portées devant le directeur du juré du lieu du délit ou de la résidence de l'accusé, à l'exception des villes au-dessus de quarante mille ames, dans lesquelles elles pourront être portées devant les juges-de-paix.

Art. II.

Dans les cas mentionnés en l'article ci-deſſus, le directeur du juré exercera les fonctions d'officier de police;
il dieſſera en outre l'acte d'acculation.

Art. III.

L'acte d'accuſation ainſi que l'examen de l'affaire ſeront
préſentés à des jurés ſpéciaux d'accuſation & de jugement.

Art. IV.

Pour former le juré ſpécial d'accuſation, le procureur-
ſyndic, parmi les citoyens éligibles, en choiſira ſeize ayant
les connoiſſances relatives au genre de délit, ſur leſquels
il en ſera tiré au ſort huit qui compoſeront le tableau du
juré.

Art. V.

Le juré ſpécial du jugement ſera formé par le procureur-général-ſyndic, lequel à cet effet choiſira vingt-ſix
citoyens ayant les qualités ci-deſſus déſignées.

Art. VI.

Sur ces vingt-ſix citoyens, l'on en tirera au ſort douze
pour former un tableau, lequel ſera préſenté à l'accuſé
ou aux accuſés, qui auront le droit de récuſer ceux qui
le compoſeront.

Art. VII.

Une première récuſation pourra être faite ſur la liſte
entière, comme ayant été formée en haine de l'accuſé;
& dans le cas où le tribunal le jugeroit ainſi, il ſera formé

une

une nouvelle lifte par le vice-préfident du directoire. Ceux qui auront été portés fur la première lifte, pourront néanmoins être employés fur la feconde.

A r t. V I I I.

Tous les membres du juré fpécial qui auront été récufés, feront remplacés par des citoyens tirés au fort, d'abord parmi les douze autres choifis par le procureur-général-fyndic, & fubfidiairement par des citoyens tirés au fort dans la lifte ordinaire des jurés.

A r t. I X.

L'accufateur public n'aura aucune récufation à exercer fur les jurés fpéciaux.

A r t. X.

Dans tout le refte de la procédure, l'on fe conformera aux règles établies par les titres précédens.

Du faux.

A r t i c l e p r e m i e r.

Dans toutes les plaintes ou dénonciations en faux, les pièces arguées de faux feront dépofées au greffe, fignées par le greffier, qui en dreffera un procès-verbal détaillé; elles feront fignées & paraphées par le directeur du juré, ainfi que par la partie plaignante ou dénonciatrice, & par le prévenu, au moment de fa comparution.

A r t. I I.

Les plaintes & dénonciations en faux pourront toujours être reçues, quoique les pièces qui en font l'objet ayent pu fervir de fondement à des actes judiciaires ou civils.

Code criminel. G

A r t. I I I.

Tout dépositaire public & même tout particulier dépositaire de pièces arguées de faux, sera tenu, sous peine d'amende & de prison, de les remettre sur l'ordre qui en sera donné par écrit par le directeur du juré, lequel lui servira de décharge envers tous ceux qui pourroient avoir intérêt à la pièce.

A r t. I V.

Les pièces qui pourront être fournies pour servir de comparaison, seront signées & paraphées à toutes les pages par le greffier, par le directeur du juré, & par le plaignant ou dénonciateur, ou leur fondé de procuration spéciale, ainsi que par l'accusé, au moment de la comparution.

A r t. V.

Les dépositaires publics seuls pourront être contraints à fournir les pièces de comparaison qui seroient en leur possession, sur l'ordre par écrit du directeur du juré qui leur servira de décharge envers ceux qui pourroient avoir intérêt à la pièce.

A r t. V I.

S'il est nécessaire de déplacer une pièce authentique, il en sera donné une copie collationnée, laquelle sera signée par le juge-de-paix du lieu.

A r t. V I I.

Lorsque les témoins s'expliqueront sur une pièce du procès, ils seront tenus de la parapher.

A r t. V I I I.

Si dans le cours d'une instruction ou d'une procédure,

une pièce produite est arguée de faux par une des parties, elle sommera l'autre partie de déclarer si elle entend se servir de la pièce.

A r t.   I X.

Si la partie déclare qu'elle ne veut pas se servir de la pièce, elle sera rejetée du procès, & il sera passé outre à l'instruction & au jugement.

A r t.   X.

Dans le cas où la partie déclareroit qu'elle entend se servir de la pièce, l'instruction sur le faux sera suivie civilement devant le tribunal saisi de l'affaire principale.

A r t.   X I.

Mais si la partie qui a argué de faux la pièce, soutient que celui qui l'a produite est l'auteur du faux, l'accusation sera suivie criminellement dans les formes ci-dessus prescrites. Il sera sursis au jugement du procès jusqu'après le jugement de l'accusation en faux.

A r t.   X I I.

Les procureurs-généraux-syndics, les procureurs-syndics, les procureurs des communes, les juges, ainsi que les officiers de police, seront tenus de poursuivre & de dénoncer tous les auteurs & complices de faux qui pourront venir à leur connoissance, dans la forme ci-dessus prescrite.

A r t.   X I I I.

L'officier public poursuivant, ainsi que le plaignant ou dénonciateur, pourront présenter au juré d'accusation & à celui du jugement, toutes les pièces & preuves de faux;

mais l'accufé ne pourra être contraint à en produire ou en fabriquer aucune.

A r t. X I V.

Si un tribunal trouve dans la vifite d'un procès, même civil, des indices qui conduifent à connoître l'auteur d'un faux, le préfident pourra d'office délivrer le mandat d'amener, & remplir à cet égard les fonctions d'officier de police.

Voyez ci-devant le titre II de la première partie de cette loi.

A r t. X V.

Lorfque les actes authentiques auront été déclarés faux en tout ou en partie, leur rétabliffement, leur radiation ou réformation feront ordonnés par le tribunal qui aura connu de l'affaire. Les pièces de comparaifon feront renvoyées fur-le-champ dans les dépôts dont elles ont été tirées.

A r t. X V I.

Dans tout le refte de la procédure, les règles prefcrites dans les titres ci-deffus feront obfervées.

T I T R E X I I I.

Des prifons & maifons d'arrêt.

A r t i c l e p r e m i e r.

Il y aura près de chaque tribunal de diftrict, une maifon d'arrêt pour retenir ceux qui feront envoyés par mandat d'officier de police ; & près de chaque tribunal criminel, une maifon de juftice pour detenir ceux contre lefquels il sera intervenu une ordonnance de prise-de-corps, indépendamment des prisons qui sont établies comme peine.

A r t. I I.

Les procureurs-généraux-syndics veilleront, sous l'autorité des directoires de département, à ce que ces différentes maisons soient non-seulement sûres, mais propres & saines, de manière que la santé des personnes détenues ne puisse être aucunement altérée.

A r t. I I I.

La garde de ces maisons sera donnée par le directoire de département, sur la présentation de la municipalité du lieu, à des hommes d'un caractère & de mœurs irréprochables, lesquels prêteront serment de veiller à la garde de ceux qui leur seront remis, & de les traiter avec douceur & humanité.

A r t. I V.

Les gardiens des maisons d'arrêt, maisons de justice, ou geoliers des prisons, seront tenus d'avoir un registre signé & paraphé à toutes les pages par le président du tribunal.

A r t. V.

Tout exécuteur de mandat d'arrêt, d'ordonnance de prise-de-corps ou de jugement de condamnation à prison, sera tenu, avant de remettre la personne qu'il conduit, de faire inscrire en sa présence, sur le registre, l'acte dont il est porteur. L'acte de remise sera écrit devant lui ; le tout sera signé, tant par lui que par le gardien ou geolier, qui lui en donnera copie signée, pour sa décharge.

A r t. V I.

Nul gardien ou geolier ne pourra recevoir ou retenir

aucun homme qu'en vertu des mandats, ordonnances ou jugemens dont il vient d'être parlé, à peine d'être poursuivi & puni ainsi qu'il est porté au code pénal.

Voyez l'acte constitutionnel, tit. III, chap. V, art. 16; & le code pénal, titre I, section III, art. 19.

A r t. V I I.

Le registre ci-dessus mentionné contiendra également en marge de l'acte de remise, la date de la sortie du détenu, ainsi que l'ordonnance ou le jugement en vertu desquels elle a eu lieu.

A r t. V I I I.

Dans toutes les villes ou il y aura, soit une maison d'arrêt, soit une maison de justice, soit une prison, un des officiers municipaux du lieu sera tenu de faire, au moins deux fois par semaine, la visite de ces maisons.

A r t. I X.

L'officier municipal veillera à ce que la nourriture des détenus soit suffisante & saine; & s'il s'apperçoit de quelque tort à cet égard contre la justice & l'humanité, il sera tenu d'y pourvoir par lui-même ou d'y faire pourvoir par la municipalité, laquelle aura le droit de condamner le geolier à l'amende, même de demander sa destitution au directoire de département, sans préjudice de la poursuite criminelle contre lui, s'il y a lieu.

A r t. X.

La police des maisons d'arrêt, de justice & de prison appartiendra à la municipalité du lieu. Le président du tribunal pourra néanmoins donner tous les ordres qu'il jugera nécessaires pour le jugement & l'instruction. Si quelque détenu ufoit de menaces, injures ou violences, foit à l'égard du gardien ou geolier, foit à l'égard des autres détenus, l'officier municipal pourra ordonner qu'il fera refferré plus étroitement, renfermé feul, même mis aux fers en cas de fureur ou de violence grave, fans préjudice de la pourfuite criminelle, s'il y a lieu.

Art. XI.

Les maifons d'arrêt ou de juftice feront entièrement dif-tinctes des prifons qui font établies pour peine ; & jamais un homme condamné ne pourra être mis dans la maifon d'arrêt, & réciproquement.

TITRE XIV.

Des moyens d'affurer la liberté des citoyens contre les détentions illégales ou autres actes arbitraires.

Article premier.

Tout homme, quelle que foit fa place ou fon emploi, autre que ceux à qui la loi donne le droit d'arreftation, qui donnera, fignera, exécutera l'ordre d'arrêter un citoyen, ou qui l'arrêtera effectivement, fi ce n'eft pour le remettre fur-le-champ à la police, dans les cas determinés par la loi, fera pourfuivi criminellement, & puni ainfi qu'il eft dit au code pénal.

Voyez fur cet article & les fuivans, l'acte conftitutionnel, tit. III, chap. V, art. 16 ; & le code pénal, titre premier, fection III, art. 19.

Art. II.

Nul homme, dans le cas où fa détention eft autorifée par la loi, ne peut être conduit que dans les lieux légalement & publiquement défignés par l'adminiftration du département, pour fervir de maifon d'arrêt, de maifon de juftice ou de prifon, fous la même peine contre ceux qui le conduiroient, détiendroient, ou prêteroient leur maifon pour le détenir.

A r t. I I I.

Quiconque aura connoiffance qu'un homme eft détenu illégalement dans un lieu, eft tenu d'en donner avis à un des officiers municipaux ou au juge-de-paix du canton; il pourra auffi en faire fa déclaration fignée de lui, au greffe de la municipalité ou du juge-de-paix.

A r t. I V.

Ces officiers publics, d'après la connoiffance qu'ils en auront, feront tenus de fe tranfporter auffitôt, & de faire remettre en liberté la perfonne détenue, à peine de répondre de leur négligence, & même d'être pourfuivis comme coupables d'attentat à la liberté individuelle, s'il eft prouvé qu'ils avoient connoiffance de la détention.

A r t. V.

Perfonne ne pourra refufer l'ouverture de fa maifon pour cette recherche. En cas de réfiftance, l'officier municipal ou le juge-de-paix pourra fe faire affifter de la force néceffaire, & tous les citoyens feront tenus de prêter main-forte.

A r t. V I.

Dans le cas de détention légale, l'officier municipal, lors de la vifite dans les maifons d'arrêt, de juftice, ou prifons, examinera ceux qui y font détenus & les caufes de leur détention; & tout gardien ou geolier fera tenu, à fa réquifition, de lui repréfenter la perfonne de l'arrêté, fans qu'aucun ordre puiffe l'en difpenfer ; & ce, fous peine d'être pourfuivi criminellement, comme coupable d'attentat à la liberté individuelle.

A R T. V I I.

Si l'officier municipal, lors de la vifite, découvroit qu'un homme eft détenu fans que la détention foit juftifiée par aucun des actes mentionnés dans les articles 5 & 6 du titre XII (1), il en dreffera fur-le-champ procès-verbal, fera conduire le détenu à la municipalité ; laquelle, après avoir de nouveau conftaté le fait, le mettra définitivement en liberté, & dans ce cas pourfuivra la punition du gardien & du geolier.

A R T. V I I I.

Les parens ou amis de l'arrêté, porteurs de l'ordre de l'officier municipal, lequel ne pourra le refufer, auront auffi le droit de fe faire repréfenter la perfonne du détenu ; & le gardien ne pourra s'en difpenfer qu'en juftifiant de l'ordre exprès du préfident ou directeur du juré, infcrit fur fon regiftre, de le tenir au fecret.

A R T. I X.

Tout gardien qui refuferoit de montrer au porteur de l'ordre de l'officier municipal, la perfonne de l'arrêté, fur la réquifition qui lui en fera faite, ou de montrer l'ordre du préfident ou directeur du juré qui le lui défend, fera pourfuivi ainfi qu'il eft dit article 6 & autres.

A R T. X.

Pour mettre les officiers publics ci-deffus défignés, à

---

(1) C'eft une faute, lifez titre XIII.

portée de prendre les foins qui viennent d'être impofés à leur vigilance & à leur humanité, lorfque le prévenu aura été envoyé à la maifon d'arrêt du diftrict, copie du mandat fera remife à la municipalité du lieu, & une autre envoyée à celle du domicile du prévenu, s'il eft connu; celle-ci en donnera avis aux parens ou amis du prévenu.

A r t. X I.

Le directeur du juré donnera également avis auxdites municipalités, de l'ordonnance de prife-de-corps rendue contre le prévenu, fous peine d'être fufpendu de fes fonctions.

A r t. X I I.

Le préfident du tribunal criminel fera tenu, fous la même peine, d'envoyer auxdites municipalités copie du jugement d'abfolution ou de condamnation du prévenu.

A r t. X I I I.

Il y aura à cet effet dans chaque municipalité, un regiftre particulier pour y tenir note des avis qui leur auront été donnés.

DÉCRET du 17 feptembre 1791,

Sanctionné le 19 du même mois,

Qui fixe l'époque à laquelle l'inftitution des jurés fera mife à exécution.

L'affemblée nationale décrète ce qui fuit :

ARTICLE PREMIER.

L'inftitution des jurés commencera à être mife en exécution le premier janvier 1792. Le roi eft prié de donner des ordres relativement aux difpofitions préliminaires à cet effet.

A r t. I I.

Les procédures & jugemens continueront à avoir lieu d'après les formes actuellement exiftantes.

D é c r e t du 29 feptembre 1791,

Sanctionné le 12 octobre fuivant,

Relatif aux dépenfes néceffaires à l'établiffement des tribunaux criminels, à l'indemnité qui fera accordée aux juges de diftrict qui fe déplaceront pour fervir auprès defdits tribunaux, & au coftume des accufateurs publics.

L'Affemblée nationale, ouï le rapport de fon comité de jurifprudence criminelle, décrète ce qui fuit :

A r t i c l e p r e m i e r.

Les dépenfes néceffaires à l'établiffement des tribunaux criminels feront faites par le directoire de département ; elles ne pourront excéder 1,800 liv. pour chaque tribunal, & 3,000 livres pour Paris.

A r t. I I.

Les juges de diftrict qui fe déplaceront pour fervir auprès des tribunaux criminels, recevront, en fus de leur traitement ordinaire, une indemnité égale au traitement des juges du lieu où fiége le tribunal criminel, à raifon des trois mois de leur fervice.

Art. III.

Les accusateurs publics auront le même costume que les juges, à l'exception des plumes qui seront couchées autour de leur chapeau. Ils porteront sur leur médaille ces mots : *La sûreté publique.*

DÉCRET de l'Assemblée-Nationale-Législative, des 10, 12 & 13 janvier 1792,

Sanctionné le 18 du même mois,

Pour compléter la formation des tribunaux criminels.

L'Assemblée nationale, après avoir entendu son comité de législation, considérant qu'il importe essentiellement que les tribunaux criminels établis dans chaque département, entrent en activité, & qu'il soit procédé sans aucun délai à l'instruction & au jugement des affaires criminelles, suivant la loi du juré, décrète qu'il y a urgence.

L'Assemblée nationale, après avoir décrété l'urgence, décrète ce qui suit :

ARTICLE PREMIER.

Les tribunaux criminels qui, à l'époque de la publication du présent décret, n'auront point été installés, le feront sans délai par les conseils-généraux des communes des lieux où ils doivent siéger, & ils commenceront leur service immédiatement après leur installation.

Art. II.

L'installation se fera dans la forme qui a été prescrite par la loi du 24 août 1790, pour les tribunaux de district.

A r t. I I I.

Le préfident, l'accufateur public & le greffier, prêteront, devant le confeil-général de la commune, le ferment civique prefcrit par la conftitution ; & ils jureront, en outre, de remplir avec exactitude & impartialité les fonctions qui leur font confiées.

A r t. I V.

Le préfident & les trois juges compofant le tribunal, procéderont à la nomination de deux huifliers, conformément à la loi du mois de juin 1791 ; & le traitement de ces huifliers fera inceflamment fixé par l'Affemblée nationale.

Cet article révoque un décret de l'Affemblée Conftituante, du 28 feptembre 1791, qui portoit que les huiffiers des tribunaux criminels feroient nommés par le préfident, mais qui n'avoit pas été fanctionné.

A r t. V.

Dans le département où le préfident du tribunal criminel, ou l'accufateur public, ou l'un & l'autre à-la-fois font abfens, foit parce qu'ils ont été députés à l'Affemblée nationale, foit pour toute autre caufe légitime, il fera pourvu à leur remplacement provifoire, de la manière qui fuit :

A r t. V I.

Dans le cas où le préfident & l'accufateur public manqueroient à-la-fois dans le même département, il fera pris dans les tribunaux de diftrict, fuivant le mode indiqué par la loi du mois de janvier dernier pour la formation du tribunal, cinq juges au lieu de trois, lefquels nommeront au fcrutin celui d'entre eux qui devra remplacer provifoirement le préfident du tribunal, & celui qui devra être chargé aussi provisoirement des fonctions de l'accusateur public.

A r t. V I I.

Toutes les plaintes ou accusations, suivies d'informations antérieures à l'époque de l'installation des tribunaux criminels, seront jugées par les tribunaux qui s'en trouveront saisis, soit en première instance, soit par appel ; & l'instruction de la procédure sera continuée suivant les lois qui ont précédé l'institution des jurés.

Les accusateurs publics ne pourront en aucun cas, attaquer par la voie de l'appel les jugemens des tribunaux criminels, sauf le droit des accusés & des parties civiles.

Les juges de district ne pourront prononcer d'autres peines que celles portées dans le code pénal.

A r t. V I I I.

Ces mêmes tribunaux seront tenus de renvoyer devant les juges de police correctionnelle toutes les affaires qui, d'après la loi, seront de la compétence de ces juges.

A r t. I X.

Les six tribunaux criminels établis à Paris par la loi du 14 mars 1791, auxquels ont été renvoyés, par la loi du 29 septembre suivant, les procès criminels alors existans dans les tribunaux d'arrondissement de Paris, & ceux à naître jusqu'au premier janvier présent mois, continueront de juger suivant les mêmes formes les procès criminels nés depuis ledit jour premier janvier, & ceux à naître jusqu'au jour de l'installation du tribunal criminel du département de Paris.

INSTRUCTION

SUR

LA PROCÉDURE CRIMINELLE,

Du 29 septembre 1791.

Sanctionnée le 21 octobre.

DE LA POLICE.

L'ASSEMBLÉE NATIONALE, en s'occupant de pourvoir à la sûreté publique par la répreſſion des délits qui troublent la ſociété, a ſenti que l'accompliſſement de ce but exigeoit le concours de deux pouvoirs, celui de la police & celui de la juſtice.

La police, conſidérée ſous ſes rapports avec la ſûreté publique, doit précéder l'action de la juſtice; la vigilance doit être ſon caractère principal; la ſociété, conſidérée en maſſe, eſt l'objet eſſentiel de ſa ſollicitude.

L'action de la police ſur chaque citoyen doit être aſſez prompte & aſſez ſûre pour qu'aucun d'eux ne puiſſe l'éluder; elle doit faire en ſorte que rien ne lui échappe: mais ſon action doit être aſſez modérée pour ne pas bleſſer l'individu qu'elle atteint: il ne faut pas qu'il ait à regretter l'inſtitution d'un pouvoir conſtitué pour ſon avantage, & que les précautions priſes en ſa faveur ſoient plus inſupportables que les maux dont elles doivent l'affranchir.

L'Aſſemblée nationale n'a point créé de nouveaux mandataires pour exercer la police de sûreté ; elle l'a confiée à des agens déja honoles par la conſtitution du dépôt d'une grande confiance : c'eſt principalement aux jugesde-paix qu'elle en a conféré la plénitude ; & en ajoutant ce nouveau pouvoir à celui dont les juges-de-paix jouiſfoient antérieurement, elle a penſé que ces diverſes attributions ſe preteroient dans leurs mains une force mutuelle.

Les fonctions de la police ſont délicates. Si les principes en ſont conſtans, leur application du moins eſt modifiée par mille circonſtances qui échappent à la prévoyance des lois ; & ces fonctions ont beſoin, pour s'exercer, d'une ſorte de latitude de confiance qui ne peut ſe repoſer que ſur des mandataires infiniment purs. Les juges-de-paix, élus par le peuple pour exercer le plus doux & le plus conſolant de tous les miniſtères politiques, dans un cercle peu étendu dont ils connoiſſent tous les individus, & où ils ſont connus de tous, ne ſembloient-ils pas déſignés pour accumuler ſur leurs perſonnes tout ce qui peut rendre la police tranquilliſante pour ceux qu'elle protège, reſpectable pour ceux qu'elle ſurveille, & raſſurante pour ceux mêmes qu'elle ſoumet à ſon action ?

Mais il eſt des cas où un juge-de-paix ne ſuffiroit point à tant de détails. La police de sûreté exige ſouvent des déplacemens. Ce n'eſt point aſſez que ceux qui l'exercent ſoient impaſſibles & intrépides, il faut encore qu'ils ſoient agiſſans, qu'ils voyent par leurs yeux, & que leur préſence prenne ſur le fait, s'il eſt poſſible, les auteurs du délit, ou du moins en ſaiſiſſe les traces encore ſi récentes, qu'elles décèlent inévitablement leurs auteurs. Cette conſidération a dû conduire l'Aſſemblée nationale à aſſocier, dans les circonſtances actuelles, les officiers de la gendarmerie nationale à une grande partie des fonctions de police attribuées aux juges-de-paix, relativement aux délits commis hors de l'enceinte des villes. Elle a eu lieu de

penſer

penſer qu'honorés des ſuffrages des adminiſtrateurs choiſis par le peuple, & juſtement flattés de la haute importance du pouvoir dont ils partagent l'exercice, ils juſtifieront cette détermination par un reſpect profond pour la loi, & pour la liberté de leurs concitoyens.

Ainſi l'on comprend, ſous le nom général d'*officiers de police*, les juges-de-paix & les officiers de la gendarmerie nationale. On verra dans la ſuite de cette inſtruction, quelques légères différences introduites par la loi entre les attributions de pouvoirs déléguées aux uns & aux autres; mais ces nuances, que nous ferons remarquer ſoigneuſement, n'empêchent pas qu'ils ne ſoient déſignés par la commune dénomination d'*officiers de police*.

Les fonctions d'officiers de police conſiſtent :

1°. A recevoir les plaintes ou dénonciations qui leur ſont portées ;

2°. A conſtater, par des procès-verbaux, les traces des délits qui en laiſſent quelques-unes après eux, & à recueillir les indications ſur les individus qui s'en ſont rendus coupables ;

3°. A entendre les individus inculpés de délits, & à s'aſſurer, s'il eſt poſſible, de leur perſonne.

Tous dommages donnent lieu à une action. L'action réſultante du dommage cauſé par un délit, ſe nomme *une plainte*. La plainte doit être adreſſée à l'officier de police, non pour qu'il y ſtatue en définitif, car c'eſt à la juſtice que cette fonction appartient, mais pour qu'il mette la juſtice à portée d'y ſtatuer par les actes préparatoires qui vont être déſignés.

Le premier de ces actes eſt de conſtater les griefs de la partie qui ſe prétend léſée ; & à cet effet il faut que la partie remette ſa plainte toute rédigée, ou qu'elle la rédige ſous les yeux de l'officier de police, ou enfin que l'officier de police la rédige lui-même ſous les yeux de la partie, & ſur l'expoſé qu'elle le réquiert de conſigner dans ce procès-verbal. Une partie qui rend plainte ne peut

Code criminel. H

ſe faire repréſenter à cet effet que par un fondé de procuration ſpéciale ; car l'action qui naît d'un délit commis
envers nous ou envers les perſonnes dont la ſûreté nous
eſt auſſi précieuſe que celle de notre propre individu, ne
peut pas être confondue avec ces intérêts purement pécuniaires , ſur leſquels un fondé de procuration générale
peut être autoriſé à ſtipuler pour nous. Dans ces cas toujours imprévus , & dont l'importance eſt graduée par
mille conſidérations purement perſonnelles à l'individu
qui ſouffre , il peut ſeul délibérer & agir par lui-même.
Il ne ſuffit pas que le procureur ſpécial juſtifie de cette
qualité devant le juge ; il faut encore que ſa qualité
puiſſe demeurer conſtante & prouvée à tous ceux qui prendront connoiſſance de la plainte ; & c'eſt pour remplir ce
but que l'acte de procuration demeurera annexé. Il eſt ſenſible que dans les cas où la plainte eſt portée par un procureur fondé , la procuration doit contenir le détail exact
des faits dont elle charge le fondé d'affirmer la vérité.

Les faits conſignés dans une plainte doivent l'être d'une
manière authentique , & à laquelle on ne puiſſe apporter
aucun changement. C'eſt pourquoi la plainte doit être
ſignée par la partie qui la rend ; & afin qu'on n'en puiſſe
pas altérer la teneur , cette ſignature doit être à toutes les
feuilles , leſquelles feront cotées & paraphées par les juges
de police. Celui-ci doit également ſigner la plainte en
toutes ſes feuilles , la dater , & affirmer la vérité des faits
y contenus : il doit encore faire une mention expreſſe de
la ſignature de la partie plaignante , ou du moins de ſa
déclaration qu'elle ne le peut ou ne le fait ; car la partie
qui ſachant & pouvant ſigner, ne le voudroit pas , doit être
conſidérée comme ne voulant pas rendre plainte.

Un premier mouvement peut porter à rendre une plainte
inconſidérée. Il eſt juſte de laiſſer place aux regrets qu'a-
mènent une reflexion plus lente & le refroidiſſement d'une
paſſion trop vivement émue. Ainſi, celui qui , dans les
vingt-quatre heures , ſe ſera déſiſté de ſa plainte , ſera conſi-

déré comme s'il n'avoit point agi : ſa plainte demeurera
biffée & anéantie. L'effet de cet anéantiſſement ne doit pas
être conſondu avec la ſimple faculté de ſe déſiſter, qu'il
eſt libre au plaignant d'exercer quand bon lui ſemble , &
à quelque époque que ce ſoit, en vertu du principe qui
permet à chacun de renoncer à une action introduite en
matière criminelle comme en matière civile , ſauf à
l'accuſé à ſe pourvoir contre le plaignant pour ſes dommages & intérêts, s'il s'y croit fondé.

. Il en eſt autrement quand le déſiſtement intervient
dans les vingt-quatre heures ; alors il ne peut y avoir lieu
aux dommages & intérêts pour le fait de la plainte.

Quoique le plaignant renonce à ſuivre ſa plainte, ſi
les faits qu'il y a énoncés ont averti l'officier de police de
l'exiſtence d'un délit qui intéreſſe le public, ſa vigilance
ne manquera point de profiter de cet avis ſalutaire pour
agir d'office.

Une partie qui rend plainte doit, pour juſtifier, autant
qu'il lui eſt poſſible dans ce premier inſtant , les faits
qu'elle allègue , amener avec elle les témoins qui en ont
connoiſſance. Cette précaution eſt néceſſaire autant pour
conſtater le degré de croyance que mérite la plainte, que
pour préparer à la juſtice les moyens de juger de la vérité
des faits ſur leſquels elle aura à prononcer, en lui indi-
quant d'avance une partie des perſonnes qui en ſont inſ-
truites , & dans les déclarations deſquelles peuvent ſe
trouver d'utiles renſeignemens qui conduiront à découvrir
d'autres témoins. Le juge doit donc recevoir les déclarations des témoins produits par le plaignant, & en tenir
procès-verbal ; mais il ne doit pas confondre ces déclarations
avec les dépoſitions qui ſe recevoient & s'écrivoient dans
les formes de l'ancienne procédure criminelle.

Ces déclarations ne ſont point deſtinées à faire charge
au procès : leur principal objet, comme on l'a dit, eſt de
corroborer la plainte, & de ſervir à l'officier de police de
guide ſur la conduite qu'il doit tenir envers la perſonne

inculpée. Lorſque le temps de l'action de la police ſera écoulé, & que la juſtice ſera entrée en connoiſſance de l'affaire, ces dépoſitions écrites produiront encore le bon effet de ſoutenir la conſcience des témoins trop puſilla-nimes, leſquels s'expliqueront avec plus de franchiſe, quand ils ſe ſentiront appuyés ſur les déclarations écrites, ſans être néanmoins liés par elles. L'accuſé qui en aura connoiſſance, y pourra puiſer les moyens d'atténuer des témoignages évidemment contradictoires.

Enfin, ſi, après la procédure conſommée, de nouveaux faits, inopinément connus, venoient porter un jour inat-tendu ſur une affaire, les déclarations écrites des témoins entendus devant l'officier de police fourniroient du moins quelques renſeignemens ſur les cauſes de la condamnation, & pourroient ſervir à rectifier le jugement. Ce que nous venons de dire des déclarations écrites devant l'officier de police, s'appliquera également, quant aux effets, à toutes les autres dépoſitions écrites qui pourront être reçues, ſoit devant le juge de diſtrict, ſoit devant celui du tri-bunal criminel. Il a paru néceſſaire, pour ne laiſſer aucune ambiguïté ſur la nature de ces déclarations, & ſur la forme qu'il convient de leur donner, de ſpécifier, avant tout, l'uſage auquel elles étoient deſtinées. Le plus grand des inconvéniens ſeroit qu'on pût les conſidérer comme le dépôt des vraies charges du procès, & y chercher la vérité, de préférence à ce qui doit réſulter des dépoſitions orales, de l'examen & du débat. Les formes de ces dé-clarations écrites doivent cependant être aſſez régulières, pour que l'on puiſſe y trouver tous les renſeignemens qui peuvent aider à bien connoître le témoin, & à ne pas le confondre avec une autre perſonne du même nom. Ainſi, l'officier de police comprendra dans le procès-verbal les noms & ſurnoms, l'âge, la demeure & la qualité du témoin, ſans toutefois que l'omiſſion d'une de ces circonſ-tances puiſſe opérer une nullité; car on ne doit pas cher-cher dans un renſeignement cette même préciſion de forme qui n'est rigoureusement nécessaire que dans une pièce probante.

Si la partie qui rend une plainte n'amenoit pas avec elle de témoins, mais se contentoit d'en indiquer, l'officier de police devroit alors les faire comparoître devant lui, & se conformer, pour leur audition, à tout ce qui a été dit des témoins amenés par la partie. Cette évocation des témoins doit se faire en vertu d'une cédule délivrée par l'officier de police, laquelle est notifiée aux témoins par un huissier ou gendarme national : cette cédule doit indiquer le jour, l'heure & le lieu de la comparution des témoins.

Ce ne sont pas seulement des plaintes que les citoyens sont autorisés à porter devant l'officier de police ; il est encore de leur droit, & même de leur devoir, de dénoncer tous les attentats dont ils auront été témoins, soit contre la liberté ou la vie d'un autre homme, soit contre la sûreté publique ou individuelle. La liberté ne pouvant subsister que par l'observation des lois qui protègent tous les membres de la société contre les entreprises d'un homme puissant & audacieux, rien ne caractérise mieux un peuple libre que cette haine vigoureuse du crime, qui fait de chaque citoyen un adversaire direct de tout infracteur des lois sociales.

Ce devoir est encore bien plus sacré, lorsque le délit a privé la société de la vie d'un citoyen : il n'y a que des hommes lâches & indignes de la liberté qui puissent connoître un si grand crime, & ne pas le dénoncer. Lors même que le meurtrier seroit inconnu ; lorsque la cause immédiate de la mort ne seroit pas bien clairement manifestée, il suffiroit qu'il existât un homme frappé de mort par une cause inconnue ou suspecte, pour que tous ceux qui ont connoissance du fait fussent tenus d'en donner avis sur-le-champ à la police.

Rien n'est plus éloigné des formes obscures & perfides de délation, que la dénonciation civique ; mais elle ne

prend le caractère généreux qui la diftingue, & ne devient une véritable dénonciation civique, que par la fermeté du dénonciateur, lorfqu'il confent à déclarer, fur la
réquifition de l'officier de police, qu'il eft prêt de figner &
affirmer fa dénonciation, & qu'il veut donner caution de
la pourfuivre. Par cette démarche authentique, le dénonciateur impofe à l'officier de police la néceffité de donner
une fuite à la dénonciation qui lui eft portée, & d'entendre les témoins qu'il lui indiquera.

Une dénonciation qui ne feroit point appuyée de la
fignature & de l'affirmation du dénonciateur, & pour la
fuite de laquelle il refuferoit de donner caution, ne feroit
plus une dénonciation civique proprement dite, mais un
fimple renfeignement qui, quoique fort utile, n'auroit pas
la même efficacité, & n'obligeroit pas auffi étroitement
l'officier de police à commencer les procédures.

Les actes qu'il pourroit faire d'après une femblable
notice, feroient des actes faits d'office, & fur lefquels
on ne pourroit le confidérer comme ayant été provoqué
d'une manière légale.

Tout délit dont l'exiftence & dont les circonftances
peuvent être conftatées par un procès-verbal, doit l'être
ainfi dans l'inftant le plus voifin du temps auquel il a été
commis.

En effet, plus cet acte fuit de près l'époque où le délit
a eu lieu, plus les renfeignemens font véridiques &
propres, foit à faire connoître le délit en lui-même, foit
à défigner quel en eft l'auteur. Il eft donc du devoir de
l'officier de police, auffitôt qu'il eft informé d'un délit
femblable, foit par une plainte, foit par une dénonciation, foit enfin par la rumeur publique, de fe tranfporter
fur les lieux, & de fe faire accompagner des perfonnes qui
font défignées par leur art, comme les plus capables d'en
apprécier la nature & les circonftances; & après avoir vifité
avec elles toutes les traces qu'il pourra découvrir, de les
conftater, ainfi que les obfervations des gens de l'art, dans
un procès-verbal.

Cette précaution est particulièrement recommandée dans tous les cas où il existera une mort d'homme, qui pourra donner lieu à quelques suspicions du crime. Comme il est extrêmement important que les traces d'un fait aussi grave soient saisies avec la plus diligente attention, l'Assemblée nationale a chargé spécialement l'officier de la gendarmerie nationale du lieu, ou, à son défaut, celui du lieu le plus voisin, de se transporter, dans ces cas, à l'endroit où gît le cadavre, & de faire toutes les premières poursuites d'office, & sans attendre aucune réquisition; elle l'a rendu personnellement responsable de toute négligence à cet égard. Cette disposition n'exclut point la compétence du juge-de-paix du canton, qui sera tenu de faire les mêmes diligences lorsqu'il aura été averti: mais comme il est impossible qu'une responsabilité d'une grande importance puisse résider à-la-fois sur plusieurs têtes, l'Assemblée nationale s'est déterminée à charger spécialement l'officier de la gendarmerie nationale de ces premiers devoirs, qu'il pourroit être plus difficile à un juge-de-paix de remplir à l'instant même où la nécessité exigeroit qu'ils fussent accomplis sans délai.

Au procès-verbal tenu sur les lieux, doivent comparoître les parens, amis, voisins ou domestiques du décédé, & en outre toutes les personnes qui peuvent donner des renseignemens utiles. Leurs déclarations sommaires doivent être reçues au procès-verbal; elles doivent les signer, ou déclarer qu'elles ne le peuvent ou ne le savent, de ce interpelées; il en doit être fait mention dans le procès-verbal: & pour compléter, autant qu'il est possible, les notions précieuses qui doivent être recueillies dans le premier instant, l'officier de police défendra que qui que ce soit sorte ou s'éloigne du lieu où le mort aura été trouvé, & pourra contraindre aussi les contrevenans, en les saisissant eux-mêmes sur-le-champ, à éclairer la société sur les faits qu'il lui importe de connoître.

Toutes ces opérations doivent se faire en présence de

deux notables du lieu, qui ſigneront au procès-verbal, ſans être aſſujétis à aucune autre obligation.

S'il réſulte de ces recherches une preuve quelconque, ou même des indices frappans contre quelque particulier, l'officier de police peut & doit même l'obliger à comparoître devant lui.

C'eſt une partie délicate des fonctions de la police, que celle qui conſiſte à évoquer pardevant l'officier qui l'exerce, le citoyen inculpé, ſoit par une dénonciation, ſoit par une plainte, ſoit enfin par la rumeur publique, ou par une réunion de circonſtances qui détermine l'officier de police à diriger contre lui d'office ſes ſuspicions. Il eſt clair cependant, aux yeux de tous ceux qui ſe ſont fait une idée juſte de la liberté, que la loi ſeule peut aſſurer la liberté de tous : ainſi nul ne peut refuſer de venir rendre compte de ſa conduite à l'officier prépoſé par la loi. Cet hommage rendu à la puiſſance uniforme de la loi, eſt tout-à-la-fois le prix & la ſauve-garde de la liberté de chaque individu : cependant le droit d'évoquer les citoyens, pour les examiner ſur leur conduite, n'eſt pas un droit arbitraire ; & la police a ſes règles dont elle ne doit pas s'écarter.

Lorſque l'oreille de l'officier de police ſera frappée de la connoiſſance d'un délit par une plainte, il pourra, d'après les connoiſſances & les commencemens de preuves qui lui ſeront fournis à l'appui de la plainte, juger s'il y a lieu ou non de faire comparoître devant lui la perſonne inculpée ; car, s'il lui paroiſſoit clair que l'inculpation fût ſans fondement, & qu'elle ſe réduiſît à une vaine allégation, il ne devroit pas ſacrifier le repos du citoyen légèrement inculpé, au caprice d'un plaignant ſi peu digne de confiance. D'un autre côté, ſi l'officier de police refuſant de faire comparoître devant lui un citoyen déſigné dans une plainte, le plaignant ſe croyoit léſé par le refus, comme cette déciſion de la police n'eſt que proviſoire, il sera indiqué ci-après par quel moyen le plaignant pourra donner suite à sa plainte.

Si l'officier de police juge qu'il y ait lieu de faire comparoître devant lui le prévenu, alors il faut considérer trois hypothèses : ou l'officier de police qui reçoit la plainte, a, dans l'étendue de son ressort, le lieu du délit; ou il a dans son ressort, soit le domicile habituel, soit la résidence actuelle du prévenu; ou enfin son ressort ne s'étend ni sur le lieu du délit, ni sur celui de la résidence du prévenu.

Aux deux premiers cas, l'officier de police peut délivrer un ordre pour faire comparoître le prévenu; au troisième cas, il doit renvoyer l'affaire avec toutes les pièces devant le juge-de-paix du délit; & ce sera celui-ci qui jugera s'il y a lieu ou non à faire comparoître le prévenu.

L'ordre en vertu duquel un prévenu doit comparoître, s'appelle *mandat d'amener*.

Le juge-de-paix qui décerne un mandat d'amener, doit toujours faire amener devant lui le prévenu qu'il évoque. Cette circonstance constitue une différence essentielle entre son attribution en fait de police de sûreté, & celle qui est déférée à l'officier de la gendarmerie. Celui-ci, dans le cas où il est saisi de l'affaire par la voie de plainte, ou même de dénonciation, après avoir entendu les déclarations sommaires qui lui sont présentées à l'appui, peut & doit, s'il le juge convenable, faire comparoître le prévenu, mais non pas le faire comparoître devant lui. Son mandat d'amener doit ordonner de conduire le prévenu devant le juge-de-paix du lieu du délit. Ce n'est que dans les cas où l'officier de la gendarmerie s'est transporté, soit sur le lieu d'un délit encore flagrant, soit pour constater les traces d'un délit qui en a laissé de permanentes, qu'il peut faire amener devant lui les prévenus. On peut encore traduire devant l'officier de la gendarmerie, quoiqu'il ne se soit pas transporté sur les lieux, les personnes saisies en flagrant-délit, ou saisies munies d'effets suspects, ou d'instrumens servant à les faire présumer coupables.

Lorsqu'un officier de police, après avoir reçu des déclarations de témoins sur le lieu du délit, où il s'est transporté pour dresser procès-verbal, trouvera dans ces déclarations des raisons de suspecter un citoyen, il pourra le faire saisir sur-le-champ, &, si on ne peut le saisir, délivrer contre lui le mandat d'amener. Il pourra également le faire saisir, &, faute de pouvoir le saisir, délivrer contre lui le mandat d'amener, dans tous les cas de flagrant délit.

Dans ces cas de flagrant-délit, tout dépositaire de la force publique, & même tout citoyen doit, pour l'intérêt de la société, s'employer de lui-même à saisir le délinquant : car tous les bons citoyens doivent concourir à empêcher qu'un délit ne se commette, & remettre entre les mains des ministres de la loi, des délinquans qu'ils ont surpris troublant l'ordre public.

On doit considérer comme équivalent au flagrant-délit, celui où un délinquant surpris au milieu de son crime, est poursuivi à la clameur publique, ou celui où un particulier est trouvé saisi d'effets volés ou d'instrumens propres à commettre le crime : car, si ces indices sont trompeurs, & peuvent accuser par fois, un moment, une personne innocente, ils exigent du moins que le fait de l'innocence soit éclairci. L'homme ainsi arrêté doit être conduit aussitôt devant l'officier de police le plus voisin.

Toutes les fois qu'un citoyen s'est rendu dénonciateur civique en signant & en affirmant sa dénonciation, & en donnant caution de la poursuivre, l'officier de police ne peut refuser de décerner un mandat d'amener le prévenu.

Les mandats d'amener doivent être portés, soit par les huissiers attachés au tribunal de paix, soit par les cavaliers de la gendarmerie nationale.

Le porteur d'un ordre semblable ne doit jamais oublier que c'est à des hommes libres qu'il notifie une évocation

légale, & que toute insulte, tout mauvais traitement
volontaire, sont des crimes de la part de celui qui agit
au nom de la loi.

Ainsi, le porteur du mandat demandera d'abord au
prévenu s'il entend y obéir; & dans le cas où le prévenu
consentira ou se mettra en devoir d'obéir, le porteur
n'aura qu'à l'accompagner & à le protéger jusqu'à ce qu'il
soit rendu devant l'officier de police.

Ceux qui refuseroient d'obéir à l'évocation contenue
dans le mandat d'amener, devroient sans doute être
contraints par la force à y obtempérer; car il est impossible, dans un État bien ordonné, que l'obéissance ne
demeure à la loi, & que la résistance d'un seul ne soit
pas vaincue par la force publique; mais l'emploi même
de cette force doit être sagement modéré : elle doit contraindre l'individu, mais non pas l'accabler.

Les formes requises dans un mandat d'amener, sont,
1°. la désignation claire & précise, autant que faire se
pourra, de l'individu contre lequel il est décerné; 2°. que
le mandat soit signé & scellé de l'officier qui le délivrera ; 3°. qu'il contienne l'ordre d'amener le prévenu
devant l'officier de police, après l'avoir préalablement
conduit devant la municipalité du lieu où le mandat lui
parviendra, s'il le requiert ainsi.

Ce mandat peut être présenté à un citoyen dans sa maison;
& s'il en défendoit l'entrée, le porteur du mandat pourroit requérir la force publique pour s'y introduire, & notifier le
mandat au prévenu, même pour l'amener devant l'officier de police, s'il étoit refusant de s'y rendre volontairement.

Il y auroit cependant trop d'inconvéniens à ce qu'en
vertu d'un mandat d'amener, un prévenu pût être conduit d'une extrémité du royaume à l'autre, sur les simples
suspicions qui peuvent servir de base à une détermination
aussi provisoire qu'un mandat d'amener. Cet inconvénient
seroit plus sensible encore, si l'officier de police dans le

canton duquel un délit a été commis, ou celui de la réfidence de l'accufé, faifoit amener devant lui, long-temps
après, un prévenu, qui, depuis cette époque, fe feroit
éloigné du lieu où l'on viendroit à élever contre lui quelques
fufpicions.

L'Affemblée nationale a prévenu cet abus, en décré-
tant qu'au-delà de la diftance de dix lieues, & après
deux jours d'intervalle, on fe contenteroit de retenir le
prévenu, & d'en donner avis à l'officier de police qui
auroit décerné le mandat. La perfonne du prévenu ainfi
gardée, l'officier de police enverra les pièces de l'affaire au
juré de l'accufation, fuivant les formes qui feront ci-après
expofées; & le prévenu demeurera dans cet état de faifie
provifoire de fa perfonne, jufqu'à ce que le juré d'accufation ait prononcé s'il y a lieu ou non de l'accufer.

La manière de s'affurer de la perfonne d'un prévenu
arrêté après les deux jours & à la diftance de dix lieues
du domicile de l'officier qui a délivré le mandat d'amener, a été laiffée par la loi à la prudence des officiers de
police. C'eft à eux de juger d'après la nature du délit
dont il eft prévenu, & d'après toutes les autres circonftances, quelles précautions font néceffaires à prendre pour
qu'il n'échappe pas à la police; s'il fuffira de le garder
à vue, ou de le configner dans quelque lieu sûr, ou s'il
faudra le dépofer dans la maifon d'arrêt.

Néanmoins un homme trouvé faifi d'effets volés ou d'inftrumens propres à le faire préfumer coupable, fera toujours conduit devant l'officier de police qui aura délivré
le mandat d'amener, à quelque diftance du lieu du délit
qu'il ait été faifi; car ces indices font fuffifans pour que
l'intérêt de la sûreté publique l'emporte fur le defir d'épar-
gner à un homme fi fufpect les inconvéniens d'un dépla-
cement confidérable.

Si le prévenu ne comparoît pas, quatre jours après la
délivrance du mandat d'amener, devant l'officier de police,
foit celui du lieu du délit, foit celui du domicile habituel

ou de la résidence passagère de l'accusé, cet officier sera tenu d'agir comme au cas précédent ; c'est-à-dire, d'envoyer copie de la plainte, & la note de la déclaration des témoins, au greffe du tribunal de district, pour être procédé par le juré d'accusation ainsi qu'on le verra dans la suite de cette instruction. Lorsque le prévenu sera amené, conformément au mandat, devant l'officier de police, le devoir de celui-ci est de l'examiner sans délai, & au plus tard dans les vingt-quatre heures (1).

Si le prévenu détruit les inculpations qui ont décidé le juge à le faire amener devant lui, & s'il se justifie pleinement, l'officier de police ne doit pas hésiter à le renvoyer en liberté.

S'il ne détruit pas les inculpations, & si elles demeurent vraisemblables, alors, ou le délit, par sa nature, peut conduire à une condamnation à peine afflictive, ou il ne peut pas donner lieu à une semblable peine.

Au premier cas, l'officier de police délivrera un ordre pour faire conduire le prévenu à la maison d'arrêt du district du lieu du délit. La désignation de cette maison d'arrêt est essentielle à observer, encore que le prévenu ait été amené devant un juge-de-paix autre que celui dans le canton duquel le délit a été commis, tel que le juge-de-paix de son domicile.

____

(1) L'Assemblée nationale a été convaincue de ce principe, fondé sur la présomption de l'innocence, suivant lequel la société doit se charger de faire la preuve contre l'individu qu'elle accuse. En conséquence elle s'est bien gardée d'établir rien de semblable à la procédure contre le muet volontaire qui avoit lieu suivant les anciennes formes. Quant aux muets naturels, l'assistance de leurs amis & conseils levera toutes les difficultés à leur égard. Cette assistance aura lieu pour eux dans toutes les parties de la procédure. La loi n'a pas de disposition sur ce sujet, parce qu'elle laisse à la prudence & à la conscience des juges, l'emploi de tous les moyens propres à mettre la vérité dans son jour.

Cet ordre de conduire un prévenu dans la maiſon d'arrêt du diſtrict, ſe nomme *mandat d'arrêt*.

Le mandat d'arrêt doit contenir le nom & le domicile du prévenu, ſi celui-ci l'a déclaré, ou faire mention de ſon refus de s'expliquer à ce ſujet. Il doit contenir auſſi le ſujet d'arreſtation, & être ſigné & ſcellé de l'officier de police.

Aucun gardien de maiſon d'arrêt ne pourra y recevoir un citoyen qu'en vertu d'un mandat revêtu des formes ci-deſſus énoncées. Toute détention qui ne ſera pas ainſi motivée, ſera conſidérée comme détention arbitraire, & le gardien en répondra en ſon propre & privé nom.

Si le délit n'eſt pas de nature à donner lieu à une peine afflictive, mais ſeulement à une peine infamante, le prévenu pourra néanmoins être envoyé à la maiſon d'arrêt; mais il pourra auſſi en être diſpenſé, au cas qu'il puiſſe trouver des amis qui veuillent répondre pour lui, qu'il ſe préſentera à la juſtice s'il en eſt requis, & donner caution de cette promeſſe.

La ſomme de cette caution ne pourra être fixée d'une manière invariable; elle doit être laiſſée à l'arbitrage de l'officier de police. Le principe qui doit le diriger eſt qu'un tel cautionnement ne doit pas être illuſoire & de ſimple forme, ni tendre à ſouſtraire les accuſés à la juſtice; mais au contraire, qu'il doit être d'une aſſez grande importance pour n'être jamais donné que par des perſonnes bien convaincues que le prévenu eſt incapable de rompre ſon engagement; car c'eſt un contrat ſacré que celui qui ſe forme par un cautionnement entre le prévenu qui évite ainſi le malheur de la détention, & les amis qui lui donnent, en le cautionnant, la plus haute preuve de leur confiance & de leur eſtime.

Les réponſes du prévenu amené à l'examen de l'officier de police, doivent être rédigées en un procès-verbal tenu par cet officier, & ſigné de lui & du prévenu. Il eſt précieux de ſuivre les traces de la vérité dans ce premier inſtant où elle ſe déclare ſans préparation & ſans détour. Elle doit être jointe aux déclarations des témoins & aux procès-verbaux du corps du délit. Leur réunion forme le corps de l'inſtruction de police, & complète les devoirs confiés à l'officier qui exerce ce pouvoir préjudiciaire.

Lorſqu'il a été pourvu par la police aux premiers beſoins de ſûreté que la ſociété réclame, la marche de la juſtice doit commencer. Alors, le règne des préſomptions & des ſuſpicions doit faire place à celui de la certitude & de la conviction ; & ſi la police a dû conſulter avant tout la ſûreté publique, la juſtice doit placer, avant toute autre conſidération, le reſpect & les précautions qui ſont dues à l'innocence en péril.

DE LA JUSTICE.

La juſtice criminelle ne ſera plus déſormais confiée, comme elle l'avoit été juſqu'à préſent, aux mêmes tribunaux qui jugeront les procès civils. Un tribunal particulier, créé dans chaque département, ſera chargé d'appeler la loi, & de prononcer les peines preſcrites contre ceux que les jurés auront convaincus du crime dont ils étoient accuſés ; mais l'accuſé ſortant des mains de la police, ne ſera point traduit directement à ce tribunal.

Il ſubira une épreuve intermédiaire au tribunal du diſtrict. C'eſt là que commencent les premières fonctions des jurés, & que doit ſe décider, ſuivant les formes indiquées, la queſtion préliminaire de ſavoir s'il y a lieu, ou non, à l'accuſation contre le prévenu. Dans le premier cas ſeulement, il eſt envoyé au tribunal criminel, où il trouve d'autres jurés, & des juges qui prononcent ſur l'accuſation : dans le ſecond cas, il eſt remis en liberté. Ainſi, la loi a diſtingué deux ſortes de jurés : le juré d'accuſation, & le juré de jugement.

Le juré d'accuſation peut avoir lieu, ſoit à l'égard d'un prévenu préſent, ſoit à l'égard d'un prévenu abſent.

Le prévenu est présent, quand, après avoir été conduit devant l'officier de police en vertu du mandat d'amener, il a été, par un autre mandat, envoyé dans la maison d'arrêt, ou reçu à caution.

Le prévenu est absent, quand le mandat d'amener, délivré contre lui, n'a pas pu être mis à exécution, ou quand le porteur du mandat a trouvé le prévenu au-delà de la distance de dix lieues, ainsi qu'il a été dit, en parlant du mandat d'amener, au chapitre de la police.

L'officier de police chargé de l'exécution d'un mandat d'arrêt, conduit le prévenu en la maison d'arrêt du tribunal de district dans le ressort duquel demeure l'officier de police; il remet le prévenu au gardien de la maison d'arrêt, qui lui en donne une reconnoissance; il porte ensuite au greffier du tribunal les pièces relatives au délit & à l'arrestation, & en prend également une reconnoissance; il fait voir les deux reconnoissances dans le jour même, au directeur du juré, qui met sur l'une & sur l'autre son vu, qu'il date & signe. Le directeur du juré doit tenir note sur un registre, de ces _visa_, afin de ne pas oublier d'agir dans le délai prescrit par la loi.

Si le porteur du mandat d'arrêt néglige de prendre le _visa_ dans le jour, il est repréhensible, parce qu'en contrevenant à la loi, il a prolongé la détention du prévenu.

Le prévenu ainsi remis entre les mains de la justice, la loi a pourvu à ce que sa condition ne fût point aggravée dans le lieu de sa détention. Elle veut qu'il y ait auprès de chaque tribunal de district une maison d'arrêt, pour y retenir ceux qui y seront envoyés par un mandat d'officier de police; & auprès de chaque tribunal criminel, une maison de justice pour détenir ceux contre lesquels il sera intervenu une ordonnance de prise-de-corps.

Il faut bien se garder de confondre ces maisons d'arrêt & de justice avec les prisons établies pour lieu de peine. La réclusion dans les prisons est la peine même, ou la correction infligée par la loi. Celui qui s'y trouve détenu,

est

est un homme déja jugé ; il subit là l'exécution de son jugement : mais le citoyen prévenu ou accusé d'un délit n'est point encore jugé, quand il est détenu dans les maisons d'arrêt & de justice ; il n'y est détenu qu'en attendant son jugement, & parce que l'intérêt public a exigé qu'on s'assurât de sa personne ; sa détention n'est donc point une peine : & de même qu'un homme condamné ne pourroit être mis dans la maison d'arrêt, de même il est défendu de mettre dans les prisons un homme arrêté, fût-il même décrété.

Les maisons d'arrêt & de justice, & les prisons doivent être sûres ; mais il n'est pas moins nécessaire qu'elles soient propres & bien aérées, de manière que la santé des personnes détenues ne puisse être aucunement altérée par le séjour qu'elles sont forcées d'y faire.

Les procureurs-généraux-syndics des départemens sont chargés, sous l'autorité des directoires, de veiller à ce que les municipalités ne négligent aucune de ces précautions.

Un des officiers municipaux est obligé de faire, au moins deux fois la semaine, la visite de ces maisons & prisons, dont la police appartient aux municipalités ; il doit porter son attention principalement sur la nourriture des détenus, veiller à ce qu'elle soit suffisante & saine ; & s'il apperçoit quelque tort, ou si quelques faits contraires à la justice & à l'humanité lui sont dénoncés, il les vérifiera & pourvoira lui-même à une prompte & suffisante réparation, ou en référera à la municipalité, qui pourra condamner le geolier en une amende : elle pourra même, non le destituer de son autorité privée, mais demander sa destitution au directoire du département, qui prononcera sur cette demande. Si le geolier s'étoit rendu coupable d'ailleurs de quelque fait grave, il pourroit en outre être poursuivi criminellement.

L'officier municipal, chargé de la visite des prisons,

doit également veiller à ce que le bon ordre & la tranquillité régnent dans ces maisons.

Mais cette surveillance ne doit pas être celle d'un inspecteur sévère toujours prêt à punir. L'autorité tempérée par des manières douces & humaines, agira bien plus efficacement sur des hommes déja assez malheureux par la privation de leur liberté : des rigueurs inutiles, une sévérité déplacée, non-seulement seroient contraires à l'intention de la loi, mais rendroient coupable l'officier qui abuseroit de la mission qui lui est confiée. Il ne doit jamais perdre de vue que ces individus, dont la société a cru devoir s'assurer par la détention de leurs personnes, n'en sont pas moins sous la protection de la loi, qu'elle prend même un soin plus particulier de leur conservation, & pourvoit d'autant plus soigneusement à leurs besoins, qu'ils se trouvent privés des secours ordinaires qu'ils recevoient de leurs familles, de leurs amis : l'officier municipal ne doit donc paroître aux yeux des détenus, que comme un consolateur toujours disposé à entendre leurs plaintes, à satisfaire à leurs besoins, à arranger leurs querelles, s'il s'en élevoit parmi eux ; enfin à leur procurer tous les moyens possibles & convenables pour adoucir le désagrément de leur détention.

Tous ces devoirs, tous ces ménagemens que recommande l'humanité, peuvent très-bien s'allier avec une conduite ferme & rigoureuse, quand la nécessité l'exige.

Par exemple, si quelque détenu usoit de menaces, injures, violences, soit à l'égard du gardien ou geolier, soit à l'égard des autres détenus, l'officier municipal pourroit ordonner qu'il seroit resserré plus étroitement, renfermé seul, & même mis aux fers en cas de fureur ou de violence grave, sans préjudice de la poursuite criminelle, s'il y a lieu.

Si quelque accusé s'évade des maisons d'arrêt & de justice, il sera regardé comme contumax ; & on procé-

dera contre lui ainſi qu'il ſera dit à ce ſujet pour les contumaces.

La municipalité, comme on vient de le dire, ne peut
deſtituer de ſon propre mouvement le gardien ou geolier,
parce qu'il n'eſt point à ſa nomination; elle préſente ſeulement les ſujets au directoire du département qui les
nomme, & ces ſujets doivent être de mœurs irréprochables; ils doivent en outre ſavoir lire & écrire. La loi
les oblige, avant de pouvoir exercer aucune fonction, de
prêter ſerment de veiller à la garde de ceux qui leur ſeront
remis, & de les traiter avec douceur & humanité. Ce
ſerment ſera prêté pardevant le tribunal du diſtrict de la
ſituation deſdites maiſons.

Ces gardiens ou geoliers ſeront tenus d'avoir un regiſtre,
ſigné & paraphé à toutes les pages par le préſident du tribunal du diſtrict.

Tout porteur de mandats d'arrêt, d'ordonnances de
priſe-de-corps, ou de jugemens de condamnation, ſera
tenu de les faire inſcrire ſur ce regiſtre en ſa préſence,
avant de remettre la perſonne qu'il conduira auxdites
maiſons ou priſons. On écrira à la ſuite de cette inſcription, l'acte qui conſtate la remiſe du particulier détenu;
& le tout doit être ſigné, tant par l'exécuteur des mandats, ordonnances & jugemens, que par le geolier ou
gardien, qui lui en donnera copie ſignée de lui pour la
décharge dudit porteur.

On doit remettre également copie du mandat d'arrêt,
tant à la municipalité du lieu de la ſituation de la maiſon
d'arrêt, qu'à celle du domicile du prévenu, s'il eſt connu:
le directeur du juré eſt chargé de cet envoi; & la municipalité du lieu du domicile du prévenu, doit donner
avis à ſes parens, voiſins ou amis, de ſa détention.

Enfin le regiſtre du geolier eſt encore deſtiné à conſtater
la ſortie du détenu. Le gardien ou geolier eſt tenu de faire
mention en marge de l'acte de remiſe dont il vient d'être
parlé, tant de la date de la ſortie que de l'ordonnance ou

jugement en vertu defquels le détenu a été mis en liberté, & dont il énonce par extrait la difpofition relative à la relaxation. Lorfque ces ordonnances lui font notifiées par un huiffier, celui-ci, outre la copie laiffée au geolier, doit encore lui exhiber l'original dont il eft porteur; le geolier fait mention defdits actes, figne cette mention, & requiert l'huiffier, & même la perfonne relâchée, de figner avec lui, finon relate qu'ils n'ont voulu figner.

Ces regiftres, à mefure qu'ils font clos, doivent être remis par le geolier au greffier du tribunal, en préfence du préfident; le greffier lui en donne une reconnoiffance vifée par le préfident : ainfi, il refte des témoignages perpétuels de toutes les détentions qui ont eu lieu dans les maifons indiquées par la loi. Ces regiftres font des dépôts où chacun peut puifer les renfeignemens dont il a befoin ; on ne peut en refufer la communication à qui que ce foit.

Le but de toutes ces précautions eft de prévenir les détentions arbitraires : & ce n'eft pas feulement en menaçant les dépofitaires du pouvoir, que la loi a voulu rendre difficile & prefque impoffible toute atteinte illégale contre la liberté individuelle ; elle a cherché à arrêter le mal dès fa fource, en défendant expreffément à tout gardien ou geolier de recevoir ou retenir qui que ce foit, fi ce n'eft en vertu de mandats d'arrêts, ordonnances de prife-de-corps, ou jugemens de condamnation, fous peine d'être pourfuivi comme coupable du crime de détention arbitraire.

L'officier municipal, faifant fa vifite, qui découvre qu'un homme eft détenu fans que fa détention foit juftifiée par un mandat d'arrêt, ordonnance de prife-de-corps, ou jugement de condamnation, doit fur-le-champ en dreffer procès-verbal, & faire conduire le détenu à la municipalité, qui, après avoir de nouveau conftaté le fait, le mettra définitivement en liberté, & dans ce càs fera pourfuivre la punition du gardien ou geolier, en le faiſant dénoncer par le procureur de la commune à l'officier de police.

Cet officier municipal ne doit donc pas manquer, lors de ſes viſites, d'examiner ceux qui ſont détenus, & les cauſes de leur détention : il peut, dans tous les **cas**, requérir le gardien ou geolier de lui préſenter la perſonne d'un accuſé ; & le gardien ou geolier ne peut refuſer d'obéir à cette réquiſition, ſans qu'aucun ordre ni prétexte quelconque puiſſe l'en diſpenſer, ſous pareille peine d'être pourſuivi comme coupable de détention arbitraire.

Les parens, voiſins ou amis de la perſonne arrêtée, peuvent même, en prenant un ordre de l'officier municipal, qui ne pourra le refuſer, obliger le gardien ou geolier de leur repréſenter ladite perſonne ; & celui-ci ne peut s'en diſpenſer, ſous peine d'être pourſuivi comme ci-deſſus, à moins qu'il n'ait un ordre exprès du juge, inſcrit ſur ſon regiſtre, de tenir le détenu au ſecret ; & dans ce cas il doit & ne peut refuſer de juſtifier de cet ordre ſous les mêmes peines.

Ce reſpect ſcrupuleux pour les droits individuels, eſt un des premiers devoirs de la légiſlation chez un peuple libre. Ce n'eſt point aſſez que les grandes maſſes de la conſtitution aſſurent la liberté politique, il faut que tous les détails des inſtitutions ſecondaires protègent la liberté individuelle. Tout citoyen qui ne trouble pas l'ordre public, peut vivre tranquillement à l'abri de la loi, qui veille à ce qu'il ne ſoit porté aucune atteinte à la ſûreté de ſa perſonne ; elle regarde comme coupable du crime de détention arbitraire, & punit rigoureuſement tout homme, quelle que ſoit ſa place ou ſon emploi, qui, n'ayant pas été inveſti du droit d'arreſtation, donneroit, ſigneroit ou exécuteroit l'ordre d'arrêter un citoyen, ou qui l'arrêteroit effectivement, ſi ce n'eſt pour le remettre ſur-le-champ à la police, dans les cas déterminés par les décrets.

La même peine eſt également prononcée contre ceux qui, dans le cas même où la détention d'un homme eſt autorifée par la loi, le conduiroient ailleurs que dans les lieux légalement & publiquement défignés par l'adminif-tration du département pour fervir de maifon d'arrêt, de juftice ou de prifon; & celui qui prêteroit fa maifon pour cette détention illégale, feroit réputé coupable du même crime, & puni des peines qui feront indiquées dans le code pénal décrété par l'Affemblée.

La loi permet à toute perfonne qui auroit connoiffance d'une détention de cette efpèce, d'en donner avis à l'un des officiers municipaux, ou au juge-de-paix du canton, & même d'en faire au greffe une déclaration fignée.

Ces officiers, avertis par cette dénonciation, & dans le cas même où ils auroient été inftruits par toute autre voie, doivent, fous peine d'être refponfables de leur né-gligence, fe tranfporter auffitôt au lieu de la détention illégale. Nul n'a le droit de leur refufer l'ouverture de fa maifon pour cette recherche; ils peuvent même, en cas de réfiftance, fe faire affifter de la force néceffaire; & tout citoyen eft tenu de leur prêter main-forte : s'ils trou-vent la perfonne illégalement détenue, ils doivent la re-mettre en liberté.

Il ne peut donc exifter d'autre lieu de détention que les maifons d'arrêt & de juftice, & les prifons; & de tous ceux qui y font détenus, aucun ne doit s'y trouver fans une caufe dont la loi puiffe, à tout inftant, demander compte. Il ne fera plus queftion, dans cette inftruction, que des perfonnes détenues dans les maifons d'arrêt & de juftice.

Celles-là y attendent, ou la déclaration des premiers jurés fur la queftion de favoir s'il y a lieu ou non à accu-fation, ou le jugement qui doit prononcer fur l'accufa-tion admife.

Dans ces deux cas, le fort du prévenu ou de l'accufé dépend de la décifion des jurés. Ceux-ci font des citoyens appelés à l'occafion d'un délit, pour examiner le fait allégué contre le prévenu ou l'accufé, & décider, d'après leur connoiffance perfonnelle, & les preuves qui leur font fournies, fi le délit exifte, & quel eft le coupable.

Les jurés ne font donc point des fonctionnaires publics qui exercent la profeffion particulière de juger dans les matières criminelles ; ils ne font point connus d'avance de ceux qui feront foumis à leur jugement. Aucun caractère public, aucunes marques extérieures ne les défignent au peuple comme ceux qui doivent être fes juges dans telle & telle circonftance ; ils ne s'élèvent point au-deffus de la claffe des fimples citoyens. Si l'exercice inftantané des fonctions de jurés leur donne un pouvoir que la loi autorife, & que tous doivent refpecter, leur miffion finie, ils fe confondent dans le fein de la fociété, & ne confervent aucun figne de cette jurifdiction du moment.

La loi n'a pas voulu cependant confier à tous indiftinctement l'importante fonction de décider de l'honneur ou de la vie de leurs femblables ; elle a circonfcrit le choix des jurés dans la claffe des citoyens qui font capables des fonctions d'électeurs.

Outre les motifs qui précédemment avoient dicté les conditions de l'éligibilité, l'Affemblée nationale a confidéré les inconvéniens de la perte de temps que pourroit occafionner aux citoyens le fervice public du juré ; elle feroit trop onéreufe à ceux qui ne vivent que du produit de leur travail.

La loi n'a pas laiffé entièrement libre l'acceptation ou le refus des fonctions des jurés.

Elle compte fans doute fur la bonne volonté des citoyens & les progrès de l'efprit public : mais autant il pourroit réfulter d'inconvéniens de l'admiffion indéfinie & fans aucun choix de tous ceux qui fe préfenteroient pour être jurés, autant il feroit dangereux d'être expofé à manquer de jurés dans le moment où leur miniftère eft néceffaire. Tous les citoyens éligibles, qui n'auroient pas d'excufe valable, ne peuvent donc fe difpenfer de payer à la

fociété ce tribut civique, fans encourir les peines déterminées par la loi.

On a vu qu'il y avoit des jurés de deux fortes; mais
cette manière de s'exprimer ne fignifie pas qu'il y ait
des diftinctions perfonnelles entre un juré & un autre
juré : tous font égaux, car tous font citoyens, & la même
aptitude eft requife pour les deux efpèces de juré ; la différence n'exifte donc que dans l'objet de leur miffion :
les uns doivent décider s'il y a lieu à accufation ; les
autres, fi l'accufation eft fondée ; de là la diftinction de
juré d'accufation & de juré de jugement.

Leur formation eft foumife à des règles différentes, indiquées par la loi : voici la manière de former le juré
d'accufation.

Tous les trois mois le procureur-fyndic de chaque diftrict dreffe une lifte de trente citoyens, pris parmi tous
les citoyens du diftrict qui ont les qualités requifes pour
être électeurs.

Le directoire du diftrict examine cette lifte, & l'arrête,
s'il l'approuve. Un exemplaire en eft envoyé à chacun des
citoyens qui la compofent.

Ces trente citoyens ne peuvent faire aucune fonction
que quand ils font appelés.

Le tribunal du diftrict doit indiquer un jour dans la
femaine, auquel s'affemblera le juré d'accufation.

Huitaine avant le jour de l'affemblée, le directeur du
juré, dont il fera ci-après parlé, fait mettre dans un vafe
les noms des trente citoyens infcrits fur la lifte ; & au
milieu de l'auditoire, en préfence du public & du commiffaire du roi, il fait tirer les noms de huit citoyens
qui forment le tableau du juré d'accufation.

Lorfqu'il y a lieu d'affembler ce juré, le directeur du
juré avertit quatre jours d'avance les huit membres choifis
par le fort, de fe rendre au jour fixé ; & fi quelqu'un d'eux
ne s'y trouve pas, le tribunal, fur la réquifition du commiffaire du roi, rend un jugement qui déclare le juré

abſent privé du droit d'éligibilité & de ſuffrage pendant deux ans, & le condamne en outre à 30 liv. d'amende.

Si l'un ou l'autre des trente citoyens inſcrits ſur la liſte prévoyoit quelque obſtacle qui dût l'empêcher de ſe rendre au jour fixé pour l'aſſemblée du juré d'accuſation, dans le cas où le ſort le placeroit au nombre des huit citoyens du tableau, il devroit prévenir le directeur du juré deux jours au moins avant celui de la formation dudit tableau, afin de donner le temps d'examiner la validité de l'excuſe. Dans ce cas, le directeur du juré donne connoiſſance de l'excuſe au tribunal, qui doit, dans les vingt-quatre heures, ou l'admettre ou la rejeter.

Si èlle eſt jugée ſuffiſante, le directeur du juré, ſans qu'il ſoit beſoin d'en inſtruire le citoyen qui l'a préſentée, fait retirer pour cette fois ſon nom du nombre des trente qui doivent être tirés au ſort.

Si au contraire l'excuſe n'eſt pas jugée valable, le nom de celui qui l'a préſentée reſte au nombre de ceux qui ſont tirés au ſort; & ſi le ſort le place parmi les huit, le direc-teur du juré lui fait déclarer, par une ſignification d'huiſ-ſier, que ſon excuſe a été jugée non-valable; que le ſort l'a placé ſur le tableau des jurés; qu'en conſéquence il ait à ſe rendre au jour fixé pour l'aſſemblée du juré d'accuſa-tion. On laiſſera également copie de cette ſignification à l'un des officiers municipaux du lieu de ſon domicile.

Le juré qui ne ſatisferoit pas à cette ſommation, ſeroit condamné aux mêmes peines & amendes que ci-deſſus. Si cependant il étoit retenu pour cauſe de maladie, il ſeroit diſpenſé de ſe rendre à l'aſſemblée; mais, dans ce cas, il faudroit qu'il juſtifiât de l'empêchement qui l'a retenu.

L'Aſſemblée nationale n'a pas cru devoir détailler les divers genres d'empêchemens qui pourroient ſervir d'ex-cuſe aux citoyens pour les diſpenſer des fonctions de jurés; elle a laiſſé la détermination de ces cas à la prudence des juges; mais ſon intention eſt que les juges n'admettent ces ſortes d'excuſes que très-difficilement, & dans le cas

ſeulement où il y auroit, de la part du citoyen, impoſſi-
bilité abſolue de ſe rendre à ſon devoir de juré.

Mais ſoit qu'un ou pluſieurs jurés ne ſe trouvent pas
au jour de l'aſſemblée, par quelque motif que ce ſoit,
l'aſſemblée doit toujours avoir lieu; le directeur pourvoit alors au remplacement, en prenant au ſort, dans la
liſte des trente, un des citoyens de la ville; & ſi la liſte ne
ſuffiſoit pas, en pourroit choiſir également au ſort parmi
les autres citoyens capables d'être électeurs.

C'eſt le directeur du juré qui met en mouvement le
juré d'accuſation.

Chaque tribunal de diſtrict doit déſigner un de ſes
membres, le préſident excepté, pour remplir cette fonction dans les matières criminelles. Il l'exercera pendant
ſix mois, au bout deſquels il en ſera choiſi un autre à
tour de rôle: en cas d'abſence ou d'empêchement, le directeur du juré ſera remplacé par celui qui le ſuit dans
l'ordre du tableau.

Le premier devoir du directeur du juré, quand il a
délivré *ſon viſa* au porteur du mandat d'arrêt, qui a conduit le prévenu à la maiſon d'arrêt, eſt d'entendre auſſitôt,
ou au plus tard dans les *vingt-quatre* heures, le prévenu,
& d'examiner les pièces qui lui ont été remiſes, pour
vérifier ſi l'inculpation eſt de nature à être préſentée aux
jurés, c'eſt-à-dire, ſi le délit dont on ſe plaint emporte
peine afflictive ou infamante; car ce n'eſt que dans ces
cas que le miniſtère des jurés ſera néceſſaire.

Cette audition du prévenu & cette vérification doivent
ſe faire dans l'auditoire. Le directeur du juré, averti par
les deux reconnoiſſances qu'il a viſées, de la remiſe du
prévenu, ordonne au gardien de la maiſon d'arrêt de faire
paroître le prévenu devant lui.

Comme la formalité de l'audition du prévenu dans les
vingt-quatre heures eſt de rigueur, & comme il eſt in-
téreſſant de connoître ſi elle a été remplie, le directeur
du juré doit en dreſſer procès-verbal, qui contiendra les

déclarations & réponses du prévenu, sans qu'il soit besoin d'observer les anciennes formules des interrogatoires, ni de prendre le serment du prévenu qu'il va dire vérité ; le simple bon sens suffit pour convaincre de l'inutilité & de l'immoralité d'un tel serment, qui place le prévenu entre le parjure & l'aveu d'un délit qui l'expose à des peines.

Il répugne également à la raison, de faire au prévenu cette question insignifiante, s'il entend prendre droit par les charges : en un mot, le directeur du juré ne doit jamais oublier que cette audition n'est qu'une facilité accordée à un individu arrêté, d'expliquer les preuves de son innocence & les raisons qu'il voudra alléguer pour sa justification. Le directeur du juré ne doit se permettre aucune question captieuse, il doit entendre la déclaration libre du prévenu.

Le directeur du juré n'est pas le maître de décider que l'accusation ne doit pas être présentée au juré ; un pareil droit seroit trop dangereux dans la main d'un seul homme, que l'on corrompt plus facilement qu'un tribunal entier ; il doit donc en référer au tribunal : mais il est une distinction de circonstances à observer ; ou il n'y a point de partie plaignante ni dénonciatrice, ou il y en a une.

S'il n'y a point de partie plaignante, que l'accusé soit présent ou non, lorsque le directeur du juré trouve, par la nature du délit, que l'accusation ne doit pas être présentée au juré, il doit, **dans les vingt-quatre heures**, à compter du moment où il a vérifié les pièces, assembler le tribunal, qui prononcera sur cette question d'après l'examen desdites pièces, & après avoir entendu le commissaire du roi.

Dans ce cas, la décision du tribunal se donne à huis-clos sur le rapport du directeur du juré, & on l'inscrit sur un regiftre différent du regiftre des audiences, lequel servira à inscrire tout ce qui est relatif à la procédure qui se fera devant le tribunal du diftrict & le juré d'accusation.

La convocation des membres du tribunal doit fe faire par le miniftère de l'un des huiffiers-audienciers du tribunal, foit que le directeur du juré ne donne qu'un avertiffement verbal, ou qu'il prévienne les juges par écrit.

Dans le même cas, où il n'y a point de partie plaignante, fi le directeur du juré trouve que l'accufation doit être préfentée au juré, ou fi le tribunal l'a décidé ainfi contre l'avis du directeur du juré, il dreffera l'acte d'accufation.

S'il y a une partie plaignante ou dénonciatrice, le directeur doit attendre deux jours révolus depuis la remife du prévenu en la maifon d'arrêt ou des pièces au greffe du tribunal : dans cet intervalle, il ne peut faire autre chofe qu'entendre l'accufé.

Ce délai expiré, ou la partie fe préfente, ou elle ne fe préfente pas.

Si elle ne fe préfente pas, le directeur du juré, fans qu'il foit befoin de conftater la non-comparution de la partie, agit comme il eût dû le faire dans le cas où il n'y auroit pas de partie plaignante.

Si la partie ou fon fondé de procuration fpéciale fe préfente au directeur du juré dans ledit délai, cet officier, de concert avec elle, dreffe l'acte d'accufation.

L'acte d'accufation n'eft autre chofe qu'un expofé exact, mais précis, dans lequel on énonce que tel jour, à telle heure & à tel endroit il a été commis un délit de telle & telle nature, que telle perfonne eft l'auteur de ce délit, ou foupçonnée de l'avoir commis. Cet acte doit contenir tous les détails, toutes les circonftances qui ont précédé, accompagné & fuivi le délit ; en un mot, préfenter dans toute leur étendue les faits qui ont rapport au délit : de forte que le lieu, le jour, l'heure, les perfonnes & le délit foient défignés le plus clairement poffible. L'acte d'accufation n'eft fujet d'ailleurs à aucune autre forme.

Il ne faut pas oublier d'y joindre le procès-verbal qui conſtate le corps du délit, s'il en a été dreſſé un, pour être conjointement préſenté au juré. La loi recommande cette formalité à peine de nullité.

Il peut arriver que le directeur du juré & la partie ne ſoient pas d'accord ſur les faits & ſur la nature de l'accuſation ; chacun d'eux peut alors faire une rédaction ſéparée.

L'opinion du directeur du juré qui penſeroit que le délit n'eſt pas de nature à être préſenté au juré, n'empêcheroit pas même la partie de dreſſer ſon acte d'accuſation.

Cet acte ainſi rédigé doit être avant tout communiqué, ainſi que toutes les pièces & actes ultérieurs de procédure, au commiſſaire du roi qui l'examine. S'il trouve que le délit ſoit de nature à mériter peine afflictive ou infamante, il écrit au bas de l'accuſation ces mots : *La loi autoriſe* , & il ſigne. Dans le cas contraire , il exprime ſon oppoſition par ceux-ci : *La loi défend.* Cette oppoſition du commiſſaire du roi arrêteroit la préſentation de l'acte d'accuſation aux jurés, ſi d'ailleurs le directeur du juré avoit été du même avis que le commiſſaire du roi : car dans ce cas la partie ſeroit ſeule juge de la nature du délit ; mais la loi permet alors de faire juger la queſtion par le tribunal , auquel la partie , le commiſſaire du roi, ou le directeur du juré en référera ; & le tribunal eſt obligé de la juger dans les *vingt-quatre heures.* Il prononce que le délit eſt ou n'eſt pas de nature à mériter peine afflictive ou infamante. S'il décide l'affirmative , l'acte d'accuſation eſt préſenté aux jurés en la forme qui ſuit : ſi au contraire il déclare que le délit n'eſt pas de nature à mériter peine afflictive ou infamante, l'acte d'accuſation eſt comme non-avenu , & le même jugement prononce la relaxation du prévenu , ſauf les punitions corporelles , & ſauf aux parties intéreſſées à ſe pourvoir à fin civile, ainſi qu'elles aviſeront. Dans tous les cas , s'il réſulte un acte d'accuſation , il doit être préſenté aux jurés ; & c'eſt à cette époque ſeulement que leur miniſtère devient néceſſaire.

Le directeur du juré fait avertir les huit citoyens qui forment le tableau du juré d'accusation ; & quand ils sont rassemblés dans le lieu & au jour indiqué, il leur fait d'abord prêter, en présence du commissaire du roi, le serment en ces termes :

« Citoyens, vous jurez & promettez d'examiner avec » attention les témoins & les pièces qui vous seront pré- » sentées, & d'en garder le secret ». (Deux motifs principaux rendent ici le secret nécessaire, & ces motifs ne contrastent point avec la publicité de la procédure, publicité qui doit être la sauve-garde des accusés, car nous ne sommes point encore arrivés à la partie de la procédure qui doit faire juger si l'accusé est coupable ou non ; tout sera public alors : quant à présent, il ne s'agit encore que de découvrir s'il y a lieu ou non à l'accusation ; & le secret est nécessaire pour ne point avertir les complices de prendre la fuite, & pour ne pas avertir les parens & amis de l'accusé du nom des témoins qu'ils auroient intérêt à écarter ou à séduire, avant qu'ils ne déposent par-devant le juré de jugement). « Vous vous expliquerez » avec loyauté sur l'acte d'accusation qui va vous être. » remis ; vous ne suivrez ni les mouvemens de la haine » & de la méchanceté, ni ceux de la crainte ou de l'affec- » tion ».

Les jurés doivent répondre chacun individuellement : « Je le jure ».

S'il y avoit de nouveaux témoins qui n'eussent pas encore été entendus, le directeur du juré recevra leurs dépositions secrétement, & elles seront écrites par le greffier du tribunal, non dans la forme qui s'observoit sous l'ancien régime judiciaire pour les informations, mais comme simples déclarations destinées seulement à servir de renseignemens.

Ces déclarations faites, les témoins paroissent en présence des jurés, & y déposent de nouveau ; mais alors leurs dépositions sont verbales.

On remet ensuite aux jurés toutes les pièces, à l'exception des déclarations des témoins ; puis ils se retirent seuls dans la chambre qui leur est destinée : le plus ancien d'âge d'entre eux. les préside, & est chargé de recueillir leurs voix.

Ils examinent l'acte ou les actes d'accusation ; car il peut y avoir deux actes de cette espèce : l'un présenté par le directeur du juré, l'autre par la partie plaignante ou dénonciatrice, dans le cas où ils ne se seroient point accordés sur les faits & la nature du délit.

Les jurés qui ont à porter une décision dans cette circonstance, doivent bien se pénétrer de leur mission. Ils n'ont pas à juger si le prévenu est coupable ou non, mais seulement si le délit qu'on lui impute est de nature à mériter l'instruction d'une procédure criminelle, & s'il y a déja des preuves suffisantes à l'appui de l'accusation. Ils appercevront aisément le but de leurs fonctions, en se rappelant les motifs qui ont déterminé à établir un juré d'accusation.

Ces motifs ont leur base dans le respect pour la liberté individuelle. La loi, en donnant au ministère actif de la police le droit d'arrêter un homme prévenu d'un délit, a borné ce pouvoir au seul fait de l'arrestation.

Mais une simple prévention, qui souvent a pu suffire pour qu'on s'assurât d'un homme, ne suffit pas pour le priver de sa liberté pendant l'instruction d'un procès, & l'exposer à subir l'appareil d'une poursuite criminelle.

La loi a prévenu ce dangereux inconvénient ; & à l'instant même où un homme est arrêté par la police, il trouve des moyens faciles & prompts de recouvrer sa liberté, s'il ne l'a perdue que par l'effet d'une erreur ou de soupçons mal fondés, ou si son arrestation n'est que le fruit de l'intrigue, de la violence, ou d'un abus d'autorité. Il faut alors qu'on articule contre lui un délit grave. Ce ne sont plus de simples soupçons, une simple prévention, mais de fortes présomptions, un commencement de preuves déterminantes, qui doivent provoquer la décision des jurés pour l'admission de l'acte d'accusation.

Ce n'est qu'après avoir subi cette première épreuve, ce n'est que sur l'accusation reçue par un juré de huit citoyens, que le détenu peut être poursuivi criminellement & jugé.

Les jurés d'accusation ne peuvent décider qu'au nombre de huit, à la majorité des voix, s'il y a lieu à accusation. S'ils sont d'avis que l'accusation doive être admise, ils exprimeront leur opinion en écrivant au bas de l'acte d'accusation par cette formule affirmative : *La déclaration du juré est : OUI, il y a lieu.* Si au contraire ils trouvent que l'accusation ne doive pas être admise, ils mettront également au bas de l'acte cette formule négative : *La déclaration du juré est : NON, il n'y a pas lieu.*

Dans le cas où il y auroit deux actes d'accusation, comme on l'a dit plus haut, ils doivent les examiner l'un & l'autre, en admettre un, ou les rejeter tous deux, selon leur opinion. S'ils n'admettent aucune des deux accusations, ils écrivent la formule négative sur les deux actes, & le chef ou président des jurés signe ces déclarations.

Il peut arriver aussi que, d'après l'examen de l'acte ou des actes d'accusation, les jurés trouvent qu'il y ait lieu à une accusation différente de celle portée auxdits actes. Ce n'est point aux jurés à indiquer l'espèce de l'accusation qu'ils pensent devoir être substituée à celle qu'on leur a présentée ; ils doivent se contenter d'écrire au bas de l'acte cette formule : *La déclaration du juré est : Il n'y a pas lieu à la présente accusation.*

Dans ce cas, le directeur du juré doit dresser un nouvel acte d'accusation, en observant les mêmes formes ci-dessus prescrites ; & il fera auparavant entendre devant lui les témoins.

Lorsque les jurés ont décidé, leur chef remet en leur présence leurs déclarations au directeur du juré, qui en dresse un acte.

Si

Si les jurés prononcent qu'il n'y a pas lieu à l'accusation, le directeur du juré, d'après cette décision, ordonne que le prévenu sera mis en liberté; & le prévenu ne pourra plus être poursuivi pour raison du même fait, à moins que, sur de nouvelles charges, il ne soit présenté un nouvel acte d'accusation.

Ce qui vient d'être dit suppose la présence du prévenu.

Si le prévenu n'étoit point détenu en la maison d'arrêt du lieu où se tient le juré d'accusation, mais gardé à vue, ou arrêté dans un lieu où il auroit été trouvé deux jours après le mandat d'amener, à une distance de dix lieues du domicile de l'officier de police qui auroit délivré le mandat, le directeur du juré doit donner avis de la décision des jurés à cet officier de police, afin qu'il fasse cesser toute poursuite, ou relâcher le prévenu s'il est arrêté.

Si les jurés décident qu'il y a lieu à l'accusation, le directeur du juré rendra sur-le-champ une ordonnance dont les dispositions ne font pas les mêmes dans tous les cas.

Si le délit n'est pas de nature à mériter peine afflictive, mais seulement infamante, & si le prévenu a déja été reçu à caution, l'ordonnance du directeur contiendra seulement injonction à l'accusé de comparoître à tous les actes de la procédure, & d'élire domicile dans le lieu du tribunal criminel, le tout à peine d'y être contraint par corps : cette ordonnance est signifiée à l'accusé, ainsi que l'acte d'accusation. Celui-ci est tenu en conséquence, dans le plus court délai, d'élire domicile dans la ville où est établi le tribunal criminel, & il doit faire notifier son élection de domicile au commissaire du roi près le tribunal criminel. S'il ne fait pas d'élection de domicile, & ne se présente pas aux actes de procédure où sa présence sera nécessaire, ou si, ayant fait élection de domicile, il ne comparoît pas lorsqu'il sera averti, le tribunal criminel, après avoir entendu le commissaire du roi, ordonne

Code criminel. K

que, faute par lui d’avoir ſatisfait à l’ordonnance du....,
il ſera pris au corps & conduit en la maiſon de juſtice.

Si, dans le cas où il n’écheoit que peine infamante, le
prévenu n’a pas déja été reçu à caution, le directeur du
juré rend une ordonnance portant que l’accuſé ſera pris
au corps, & conduit directement en la maiſon de juſtice
du tribunal criminel, ſauf à lui à demander à ce tribunal
ſon élargiſſement, qui lui ſera accordé en donnant caution.

Dans tout autre cas, le directeur du juré rend une ordonnance de priſe-de-corps, dont il eſt obligé, ſous peine
de ſuſpenſion de ſes fonctions, de donner avis tant à la
municipalité du lieu de la ſituation de la maiſon d’arrêt
du diſtrict, qu’à celle du domicile du prévenu, en la perſonne du greffier de la municipalité. Cette ordonnance
doit contenir, d’une manière préciſe, le nom de l’accuſé,
ſa déſignation & ſon ſignalement; ſon domicile, s’il eſt
connu; la copie de l’acte d’accuſation, & l’ordre de conduire l’accuſé directement à la maiſon de juſtice; & le
tout doit être ſignifié à celui-ci.

Si cet accuſé eſt détenu dans la maiſon d’arrêt, on le
transfère, en vertu de l’ordonnance, dans la maiſon de
juſtice du tribunal criminel : cette tranſlation de l’accuſé,
& l’envoi du procès doivent être faits par les ordres du
commiſſaire du roi du tribunal de diſtrict, dans les vingt-
quatre heures de la ſignification de l’ordonnance de priſe-
de-corps.

Si l’accuſé n’eſt pas arrêté, il peut être ſaiſi en quelque
lieu qu’il ſe trouve, & amené devant le tribunal criminel.

Si on ne peut le ſaiſir, on procède contre lui, comme
contumax, ainſi qu’il ſera dit ci-après.

Maintenant que la perſonne arrêtée n’eſt plus détenue
ſur une ſimple prévention, mais en vertu d’une ordonnance de priſe-de-corps ; maintenant qu’il exiſte contre
elle une accuſation poſitive, elle va ſubir ſon jugement,

& rester privée de sa liberté pendant l'instruction du procès, à moins qu'elle ne se trouve dans un des cas où la loi lui permet d'obtenir son élargissement en fournissant une caution.

Mais ce ne seront pas les mêmes jurés qui prononceront sur son accusation. Ici la scène change entièrement pour l'accusé : le lieu de sa détention n'est plus le même ; il ne retrouve plus ni le tribunal , ni les jures , ni aucun individu qui ont influé sur l'admission de l'acte d'accusation : un seul tribunal par département est établi pour juger toutes les accusations criminelles.

Les préventions personnelles , les impressions locales qui auroient pu déterminer une première décision contre l'accusé, s'effacent à une certaine distance du lieu du délit : de nouveaux jurés, d'autres juges vont statuer sur le sort de l'accusé ; ainsi la loi n'a négligé aucun des moyens capables de le rassurer contre toute espèce d'influence défavorable.

Elle lui donne même le droit , s'il est domicilié dans le district où siége le tribunal criminel du département , ou si le juré d'accusation est celui du lieu où est établi ce tribunal , de demander à être jugé par l'un des tribunaux criminels des deux départemens les plus voisins.

Mais cette faculté, la loi ne la lui accorde pourtant pas dans les grandes villes dont la population est au-dessus de quarante mille ames.

Les préventions locales font bien moins sensibles dans une cité nombreuse, où les habitans se connoissent à peine, ont des communications moins rapprochées , font distraits par une foule d'événemens qui se succèdent , ou occupés d'intérêts majeurs & variés , qui absorbent leur attention, ou atténuent l'effet des passions, toujours d'autant plus actives qu'elles font plus concentrées.

Si l'accusé se trouve donc dans l'un des cas où il aura droit de demander à être jugé par un tribunal voisin , le directeur du juré aura soin dans son ordonnance de prise-de-corps, après avoir énoncé l'ordre de le conduire dans la maison de justice du tribunal criminel du département, de dénommer en outre les villes des deux tribunaux criminels les plus voisins, entre lesquels l'accusé pourra opter; & dans les vingt-quatre heures de la signification qui lui aura été faite de l'acte d'accusation, cet accusé, s'il est détenu en la maison d'arrêt, doit notifier au greffe du tribunal son option. Après lequel temps, il sera envoyé au tribunal direct, ou à celui qu'il aura choisi. S'il y avoit plusieurs accusés qui ne s'accordassent pas sur le choix du tribunal, le directeur du juré les feroit tirer au sort.

La faculté d'opter est laissée, dans le même cas, à l'accusé qui n'auroit pas été saisi en vertu du mandat d'amener de l'officier de police, mais qui n'a pu être arrêté qu'en vertu de l'ordonnance de prise-de-corps: alors le porteur de l'ordonnance conduit l'accusé devant le juge-de-paix du lieu où il aura été trouvé & saisi, à l'effet de faire devant ce juge la déclaration de l'option d'un tribunal, ou son refus d'opter. Le juge-de-paix reçoit cette déclaration, en garde minute, & en délivre une expédition au porteur de l'ordonnance, qui, en conséquence, conduit l'accusé dans la maison de justice du tribunal direct, ou de celui qui aura été choisi par l'accusé.

Ce même porteur remet au greffe & l'ordonnance de prise-de-corps, & la déclaration faite par l'accusé, contenant option ou refus de la faire.

Le greffier lui donne reconnoissance du tout, & communique les deux actes à l'accusateur public. L'accusateur public du tribunal d'option fait notifier ce choix par un huissier au greffe du tribunal direct; & sur cette notification & la réquisition que l'accusateur public en fait par l'acte même de la notification, le tribunal direct doit lui faire renvoyer les pièces du procès. Dans le cas où il y auroit plusieurs accusés compris dans le même acte d'accufation, celui d'entre eux qui feroit arrêté en vertu de l'ordonnance de prife-de-corps poftérieurement à l'option faite d'un tribunal criminel, par fes co-accufés, ou après leur envoi au tribunal direct, fera exclus de pouvoir exercer la faculté d'opter, quand bien même il feroit domicilié dans le diftrict où fiége le tribunal criminel direct.

L'accufé remis en la maifon de juftice, & toutes ces formalités préliminaires remplies, il s'agit de commencer l'inftruction de la procédure criminelle.

On a déja annoncé que le tribunal criminel établi dans chaque département, étoit feul chargé de juger les affaires criminelles, d'après la décifion des jurés qui forment le juré du jugement.

Ce tribunal fera établi & fixé dans la ville qui eft le fiége de l'adminiftration ou du directoire de département : alternat fupprimé (1).

Quatre juges feulement, y compris le préfident, un accufateur public, un commiffaire du roi & un greffier compofent le tribunal criminel.

Le préfident eft nommé par les électeurs du département, pour fix années, & peut être réélu.

A l'égard des juges, ils ne font point élus directement pour être membres du tribunal criminel. Le directoire du département défigne tous les trois mois, & par tour, trois juges des tribunaux de diftrict de fon reffort, qui viennent fiéger pendant ce temps au tribunal criminel. L'accufateur public eft également nommé par les électeurs du département. Ses fonctions dureront quatre ans feulement pour la première nomination qui en fera faite,

---

(1) Dans le département du Cantal, où l'Affemblée a laiffé fubfifter l'alternat par une exception particulière, elle n'a point entendu que le tribunal criminel pût alterner comme le chef-lieu du département, & elle en a fixé la réfidence à . . . .

Voyez le décret du 11 février 1791, ci-devant, page 61.

lorſque l'inſtitution des jurés ſera miſe en vigueur; mais à l'avenir les fonctions de l'accuſateur public ſeront de ſix années.

Les mêmes électeurs nommeront à vie, un greffier du tribunal criminel.

Il y aura toujours un commiſſaire du roi de ſervice auprès du tribunal criminel, mais qui ne ſera point établi exprès pour ce tribunal ſeulement.

Les conditions d'éligibilité pour être nommé préſident & accuſateur public, & pour le commiſſaire du roi qui exercera ſes fonctions près le tribunal criminel, ſont les mêmes que pour les juges & commiſſaires du roi des tribunaux civils de diſtricts.

Les fonctions du préſident, de l'accuſateur public & du commiſſaire du roi ſont déterminées par la loi.

Le préſident exerce les fonctions de juge comme les autres membres du tribunal; mais il eſt de plus perſonnellement chargé d'entendre l'accuſé au moment de ſon arrivée, de faire tirer au ſort les jurés, de les convoquer, de les diriger dans l'exercice des fonctions qui leur ſont aſſignées par la loi, de leur expoſer l'affaire, & de leur remettre ſous les yeux les devoirs qu'ils ont à remplir.

On ne peut trop recommander aux électeurs qui auront à choiſir un préſident du tribunal criminel, de ſe bien pénétrer de toute l'importance de cette place. Quelle probité! quelle ſagacité! quelle expérience du cœur humain ne ſont pas requiſes en celui que la loi inveſtit d'une ſi grande confiance! Il devra lui-même ſe pénétrer profondément du ſentiment de ſes devoirs, & de la nature de l'inſtitution ſublime dont il eſt le principal moteur. Toutes les queſtions ſoumiſes au juré ſont des queſtions de fait, très-importantes, & pour l'individu accuſé du fait, & pour la ſociété qui en recherche l'auteur. La vérité de ces faits doit être pourſuivie avec bonne foi, avec franchiſe, avec loyauté, avec un vrai & ſincère deſir de parvenir à la connoître: rien de ce qui peut ſervir à la rendre palpable ne doit être négligé ; tous les moyens d'éclaircissemens proposés par les parties, ou demandés par les jurés eux-mêmes, s'ils peuvent effectivement jeter un jour utile sur le fait en question, doivent être mis en usage : aucun ne doit être rejeté, que ceux qui tendroient inutilement à prolonger le débat, sans donner lieu d'espérer plus de certitude dans les résultats ; & comme toutes les demandes des parties ou des jurés doivent s'adresser au président du tribunal criminel, il est sensible que le cœur le plus pur & l'esprit le plus droit sont les bases de la confiance de la loi, quand elle se repose sur le président du soin de rendre, d'après les circonstances, une multitude de décisions sur lesquelles on ne peut lui tracer d'avance aucune règle. Ce pouvoir discrétionnaire est tempéré & dirigé par la présence du public, dont les regards doivent toujours être particulièrement appelés sur l'exercice de toutes les fonctions qui, par leur nature, touchent à l'arbitraire ; ils portent avec eux le meilleur préservatif contre l'abus qu'on pourroit être tenté d'en faire.

Le devoir de l'accusateur public est principalement de poursuivre les délits sur les actes d'accusation admis par les premiers jurés.

Il a la surveillance sur tous les officiers de police du département ; il peut, en cas de négligence, les avertir ou les réprimander ; il doit même, en cas de faute plus grave, les déférer au tribunal criminel, les y traduire à sa requête par voie d'action, pour y être, suivant la nature du délit, condamnés aux peines correctionnelles déterminées par la loi.

Si un officier de police avoit prévariqué dans ses fonctions, s'il étoit dans le cas d'être poursuivi criminellement, l'accusateur public qui en sera instruit délivrera un mandat d'amener, en vertu duquel l'officier accusé de prévarication sera appelé devant lui. L'accusateur public recevra les éclaircissemens, entendra même les témoins ; & si le cas étoit assez grave, il remettra au directeur du juré la notice des faits, les pièces & la déclaration des témoins, pour que celui-ci dreſſe l'acte d'accuſation , & le préſente au juré d'accuſation dans la forme ci-deſſus indiquée.

Les fonctions de l'accuſateur public, & l'autorité que la loi lui défère, annoncent aſſez que le ſeul homme qui convienne à cette place, eſt un homme juſte & impartial : rien ne ſeroit plus coupable dans un accuſateur public, qu'une conduite paſſionnée. Cet officier ſtipule au nom de la ſociété, & l'intérêt public ſeul doit conſtamment préſider à toutes ſes démarches.

Les fonctions du commiſſaire ſont marquées dans le détail de la procédure.

Enfin les jurés, dont le miniſtère eſt néceſſaire près du tribunal criminel, ſont chargés de décider ſi l'accuſé eſt coupable ou non.

Le juré de jugement ne ſe forme pas comme le juré d'accuſation, quoique compoſé des citoyens qui doivent réunir les mêmes conditions d'éligibilité.

Tout citoyen qui peut être électeur, doit ſe faire inſcrire au plus tard avant le 15 décembre de chaque année, comme juré de jugement, ſur un regiſtre qui eſt tenu à cet effet par le ſecrétaire-greffier de chaque diſtrict.

Les eccléſiaſtiques & les ſeptuagénaires pourront ſe diſpenſer des fonctions de jurés ; elles ſont déclarées incompatibles avec celles des officiers de police, des juges, des commiſſaires du roi, de l'accuſateur public, des procureurs-généraux ſyndics, des procureurs-ſyndics des adminiſtrations.

Tous les citoyens qui ne pourront pas être électeurs, ne pourront également être jurés.

Ceux qui auroient négligé de ſe faire inſcrire pendant le mois de décembre au plus tard, ſeront privés du droit d'être électeurs & éligibles à toutes les élections qui auront lieu pendant le cours de l'année ſuivante.

Le défaut d'inſcription n'empêcheroit pas pourtant

qu'ils ne fuſſent pris pour jurés, dans le cas où les éligibles inſcrits ne ſeroient pas en nombre ſuffiſant.

Chaque année, le procureur-ſyndic du diſtrict enverra
dans les derniers jours de décembre, au directoire de département, une copie du regiſtre de l'inſcription des jurés
du jugement, & en fera remettre un exemplaire à chaque
municipalité de ſon arrondiſſement.

Le procureur-général-ſyndic du département fera, tous
les trois mois, une liſte compoſée de deux cents des citoyens éligibles inſcrits ſur le regiſtre envoyé par les procureurs-ſyndics des directoires, laquelle liſte ſera arrêtée par
le directoire. Ces deux cents citoyens formeront la liſte
du juré de jugement, qui ſera imprimée & envoyée à tous
ceux qui la compoſeront.

Le procureur-général doit obſerver, en formant cette
liſte, de ne pas y placer deux fois de ſuite, dans le cours
de l'année, le même citoyen, à moins qu'il n'habite la
ville même du tribunal criminel, ou que ce ne ſoit de
ſon conſentement. Celui qui, pendant les trois mois que
ſon nom ſera ſur la liſte, aura aſſiſté à une aſſemblée de
jurés, pourra s'excuſer d'en remplir une ſeconde fois les
fonctions : d'un autre côté, s'il avoit été juré d'accuſation,
il ne pourroit être juré de jugement dans la même affaire;
mais, outre les quatre liſtes qui ſeront formées de trois
mois en trois mois, on formera, le premier de chaque
mois, le tableau des jurés de jugement.

Cette miſſion appartient au préſident du tribunal criminel.

Le jour de la formation du tableau, le commiſſaire du
roi & deux officiers municipaux ſe trouvent au lieu deſtiné
à cette opération. Là le préſident du tribunal criminel
leur fait prêter ſerment de garder le ſecret; & en leur
préſence, il préſente à l'accuſateur public la liſte de deux
cents jurés, qui lui a été remiſe par le procureur-général-
ſyndic. L'accuſateur public a la faculté d'en exclure vingt
des deux cents, ſans donner de motif. S'il le fait, on

met les cent quatre-vingts noms reſtans dans le vaſe, &
on en tire au ſort douze qui forment le tableau du juré.
On joint à ces douze, trois autres jurés, qui ſont également tirés au ſort, & qui ſont deſtinés à ſervir d'adjoints,
dans le cas où le tribunal ſeroit convaincu que les jurés ſe
ſeroient évidemment trompés, comme il ſera ci-après ex-
pliqué.

L'accuſé a également la faculté de récuſer. On lui préſente le tableau, & il peut récuſer, ſans donner de motif,
ceux qui le compoſent : on les remplace par le ſort. Lorſque l'accuſé en aura récuſé vingt ſans motif, il ſera obligé
de déduire les cauſes de récuſation qu'il voudroit préſenter enſuite ; le tribunal criminel en jugera la validité.
Cette récuſation de vingt jurés peut être faite par pluſieurs
co-accuſés, s'ils ſe concertent enſemble pour l'exercer ; &
s'ils ne peuvent s'accorder, chacun d'eux en récuſera ſucceſſivement un juſqu'au nombre de dix.

Les douze citoyens compoſant le tableau, doivent être
toujours prêts à ſe rendre, au jour indiqué, à l'aſſemblée
du juré, lorſqu'ils ſeront convoqués par le préſident du
tribunal.

Cette aſſemblée ſe tient le 15 de chaque mois (dimanche
ou fête), & la convocation doit être faite le 5 du même mois.

Si l'un des jurés prévoyoit, pour le 15 du mois, quelque obſtacle qui pût l'empêcher de ſe rendre à l'aſſemblée
du juré, dans le cas où le ſort le placeroit ſur le tableau,
il doit en prévenir le préſident au moins deux jours avant
le premier du mois pendant lequel il deſire être excuſé.

Le préſident en réfère au tribunal criminel, qui doit
juger la valeur de l'excuſe dans les vingt-quatre heures.

Si elle eſt jugée ſuffiſante, on retire du nombre de
ceux dont les noms doivent être mis dans le vaſe, le nom
de celui qui s'eſt fait excuſer. Dans le cas contraire, ce
nom eſt ſoumis au ſort comme les autres : & s'il eſt du
nombre des douze qui doivent compoſer le juré, le préſident du tribunal lui fera ſignifier que ſon excuſe a été

jugée non-valable, qu'il est sur le tableau du juré, & qu'il ait à se rendre au jour fixé pour l'assemblée du juré : il sera laissé en outre, aux officiers municipaux du lieu de son domicile, une copie de cette signification.

Tout citoyen qui ne se rendroit pas sur la sommation qui lui en sera faite, sera condamné par le tribunal criminel en 50 liv. d'amende, & privé en outre du droit d'éligibilité & de suffrage pendant deux ans, à moins qu'il ne soit retenu pour cause de maladie grave.

Mais, dans tous les cas, s'il manquoit un des jurés au jour indiqué, le président du tribunal le fera remplacer par un des citoyens de la ville, pris au sort dans la liste des deux cents, & subsidiairement parmi les éligibles.

L'accusé, conduit à la maison de justice, ne paroît pas aussitôt devant le juré de jugement. Il doit d'abord être entendu dans l'auditoire par le président, dans les vingt-quatre heures au plus tard après son arrivée & la remise des pièces au greffe, en présence de l'accusateur public & du commissaire du roi. Le greffier tient note de ses réponses, & la remet au président pour servir de renseignement seulement.

L'accusé a le droit de choisir un ou deux amis ou conseils pour l'aider dans sa défense ; & s'il ne fait pas ce choix, le président lui désigne un conseil : mais il ne pourra jamais communiquer avec l'accusé que deux jours après qu'il aura été amené dans la maison de justice.

Les conseils doivent prêter serment devant le tribunal, de n'employer que la vérité dans la défense de l'accusé, & de se comporter avec décence & modération. Aussitôt que l'accusé a été entendu, l'accusateur public doit faire ses diligences pour que l'accusé puisse être jugé à la première assemblée du juré qui suivra son arrivée.

Si cependant l'accusé ou l'accusateur public avoient des motifs pour que l'affaire ne fût pas portée à la première assemblée, ils devroient alors présenter leur requête au tribunal, à fin de prorogation du délai, avant le 5 de chaque mois, époque de la convocation du juré ; & ſi le tribunal criminel juge la demande fondée, il accorde un délai qui ne peut être néanmoins prorogé au-delà de l'aſſemblée des jurés, qui aura lieu le 15 du mois ſuivant.

Si l'accuſateur public & l'accuſé avoient des témoins à produire qui n'euſſent point encore été entendus, ils doivent d'abord, & avant le jour de l'aſſemblée du juré, les faire entendre devant un des juges du tribunal criminel : leurs dépoſitions ſeront écrites comme l'ont été celles des témoins produits devant l'officier de police, ou devant le directeur du juré d'accuſation ; & il en ſera donné communication à l'accuſé.

Au jour de l'aſſemblée, les douze jurés formant le tableau ſe rendent dans l'intérieur de l'auditoire. Là ſe trouvent, chacun à leur place, les juges, l'accuſateur public & le commiſſaire du roi ; l'accuſé eſt auſſi préſent.

Le public doit garder le ſilence le plus abſolu dans l'auditoire : les témoins & les défenſeurs de l'accuſé ſont tenus de s'exprimer avec décence & modération. Si quelque particulier, quel qu'il ſoit, s'écarte du reſpect dû à la juſtice, le préſident peut le reprendre, le condamner à une amende, & même à garder priſon juſqu'au terme de huit jours, ſuivant la gravité du cas.

Lorſque les douze jurés ſont introduits, le préſident du tribunal criminel, en préſence du public & de tous ceux qu'on vient de déſigner, fait prêter à chaque juré ſéparément le ſerment ſuivant : « Citoyen, vous jurez & promettez
» d'examiner avec l'attention la plus ſcrupuleuſe les charges
» portées contre un tel....; de n'écouter ni la haine, ni la mé-
» chanceté, ni la crainte ou l'affection ; de n'en communi-
» quer avec qui que ce ſoit juſqu'après votre déclaration ; de
» vous décider d'après les témoignages, & ſuivant votre
» conſcience & votre intime & profonde conviction, avec
» l'impartialité & la fermeté qui conviennent à un homme
» libre ».

Chacun des jurés répond : « Je le jure » ; enſuite ils

prennent place tous enſemble ſur des ſiéges ſéparés du public & des parties, de manière qu'ils ſe trouvent placés en face de l'accuſé & des témoins.

Les trois jurés-adjoints, dont on a parlé plus haut, ſe placent auſſi dans l'auditoire, mais ſéparément des autres, & ils n'ont de fonctions & ne prêtent même ſerment que lorſqu'ils ſont requis de ſe joindre aux autres jurés.

A compter de ce moment, les jurés ne peuvent plus communiquer avec perſonne par écrit, paroles ou geſtes, tant qu'ils ſeront dans l'auditoire, à moins qu'ils n'aient des éclairciſſemens à demander, ce qu'ils peuvent faire en la forme qui va être expliquée.

L'accuſé comparoît à la barre, libre & ſans fers. La loi a voulu écarter de l'accuſé tout ce qui pouvoit influencer ſa liberté morale en gênant ſa liberté phyſique ; il pourra cependant y avoir des gardes autour de l'accuſé pour l'empêcher de s'évader.

Le préſident lui dit qu'il peut s'aſſeoir, lui demande ſes nom, âge, profeſſion & demeure, & le greffier tient note des réponſes.

Le préſident avertit enſuite l'accuſé d'être attentif à tout ce qu'il va entendre ; il ordonne au greffier de lire l'acte d'accuſation. Le greffier fait cette lecture à haute & intelligible voix ; après quoi le préſident rappelle à l'accuſé, le plus clairement poſſible, ce qui eſt contenu en l'acte d'accuſation, & lui dit : — Voilà de quoi vous êtes accuſé ; vous allez entendre les charges qui ſeront produites contre vous. — La même choſe ſe pratique s'il y a pluſieurs co-accuſés.

Les noms des témoins doivent être déja connus de l'accuſé ; la loi veut que la liſte lui en ſoit notifiée au moins vingt-quatre heures avant l'examen : ainſi il a eu le temps de connoître ſes témoins, de ſavoir quel degré de foi ils méritent, & de prévoir les objections qui pourroient s'attacher à leurs perſonnes.

Un mari ne peut dépoſer contre ſa femme, ni une

femme contre ſon mari ; les aſcendans ne peuvent auſſi être entendus en témoignage contre les deſcendans, & réciproquement : il en eſt de même d'un frère & d'une ſœur contre leur frère & ſœur & des alliés au même degré.

Les témoins, ſoit qu'ils ſoient produits par la partie plaignante ou par l'accuſateur public, ſe préſentent l'un après l'autre pour faire leurs dépoſitions en public & ſéparément, à moins que l'accuſé, comme il en a le droit, ainſi que l'accuſateur public, n'ait demandé, par lui-même ou par ſon conſeil, que les témoins produits contre lui ſoient introduits & entendus enſemble.

Le préſident, avant la dépoſition, fait prêter ſerment aux témoins individuellement, de parler *ſans haine & ſans crainte ; de dire la vérité, toute la vérité, rien que la vérité.*

Il demande enſuite à chacun des témoins, avant que ſa dépoſition ſoit commencée, ſi c'eſt de l'accuſé préſent qu'il entend parler ; s'il le connoiſſoit avant le fait ; enfin, s'il eſt parent, allié, ami, ſerviteur ou domeſtique d'aucune des parties.

Cela fait, le témoin dépoſe. Après chaque dépoſition, le préſident demande à l'accuſé s'il veut répondre à ce qui vient d'être dit contre lui. L'accuſé & ſes amis ou conſeils préſens, peuvent dire, tant contre les témoins perſonnellement, que contre leur témoignage, tout ce qu'ils jugeront utile à la défenſe de l'accuſé ; ils peuvent même queſtionner les témoins. Il eſt également libre à l'accuſateur public, aux jurés & au préſident, de demander aux témoins & à l'accuſé tous les éclairciſſemens dont ils croiront avoir beſoin.

Si la dépoſition d'un témoin paroît évidemment fauſſe, le préſident en dreſſe procès-verbal, & peut, d'office, & ſur la réquiſition de l'accuſateur public ou de l'accuſé & de ſes conſeils, le faire arrêter ſur-le-champ, & le renvoyer pardevant le juré de diſtrict du lieu, pour prononcer ſur l'accuſation, dont l'acte, dans ce cas, ſera dreſſé par le préſident lui-même.

Lorsque les témoins de l'accusateur public & de la partie plaignante auront été entendus, l'accusé peut alors faire entendre les siens, non-seulement pour établir son innocence & se justifier du fait qu'on lui impute, mais pour attester qu'il est homme d'honneur & de probité, & qu'il est d'une conduite irréprochable. La loi, en recommandant aux jurés d'avoir tel égard que de raison aux témoignages de cette dernière espèce, n'a pas voulu cependant priver l'accusé d'une ressource que les circonstances, & la confiance que peuvent mériter les témoins, pourroient rendre très-précieuse à sa justification.

Il est également libre à l'accusateur public & à la partie plaignante de questionner tous les témoins, de les reprocher; en un mot, de dire contre eux & leur témoignage tout ce qu'ils jugeront nécessaire.

Les témoins, après leur déposition, restent dans l'auditoire; mais ils ne peuvent jamais s'interpeller entre eux. L'accusé peut, s'il le juge à propos, requérir par lui ou par ses conseils, que ceux des témoins qu'il désignera, soient entendus de nouveau séparément, ou en présence les uns des autres. L'accusateur public a la même faculté à l'égard des témoins produits par l'accusé.

S'il y a des effets trouvés lors du délit, ou depuis, qui puissent servir à conviction, ils seront représentés à l'accusé, & il lui sera demandé de répondre personnellement s'il les reconnoît.

Il en est de même quand il y a plusieurs co-accusés : s'ils sont compris dans le même acte d'accusation, ils seront jugés par le même juré. Il sera fait un débat pour chacun d'eux sur les circonstances qui lui seront particulières ; & le tribunal déterminera l'ordre dans lequel ils pourront être présentés au débat, en commençant toujours par le principal accusé, s'il y en a un. Les autres co-accusés y seront présens & pourront y faire leurs observations.

Dans le cas où l'accusé, les témoins ou l'un d'eux, les

jurés ou l'un d'eux, ne parleroient pas tous le même langage & auroient besoin d'un interprète pour s'entendre & se communiquer leurs pensées dans le débat, le président du tribunal criminel en fera appeler un qui soit âgé de 25 ans au moins, & lui fera prêter serment de traduire fidèlement, & suivant sa conscience, les discours qu'il sera chargé de transmettre entre ceux qui parlent des langages différens. L'accusé & l'accusateur public pourront récuser l'interprète, en motivant leur recusation : les motifs seront jugés par le tribunal. Les officiers de police, directeurs de jurés, & présidens des tribunaux criminels, pourront également appeler des interprètes, toutes les fois qu'ils en auront besoin, pour recevoir des déclarations ou dépositions.

Tout cet examen, les débats & la discussion qui en seront la suite, ne seront point rédigés par écrit : les jurés & les juges pourront bien prendre note de ce qui leur paroîtra important, mais sans que la discussion puisse en être arrêtée ni interrompue. Le commissaire du roi, présent & obligé d'assister à toute cette instruction, peut toujours faire aux juges, au nom de la loi, toutes les réquisitions qu'il jugera convenables ; & il lui en sera donné acte.

Le tribunal criminel, ni le directeur du juré, chacun dans les affaires de leur compétence, ne sont pas obligés de déférer aux réquisitions du commissaire du roi ; & l'instruction ni le jugement n'en peuvent être arrêtés ni suspendus, sauf au commissaire du roi du tribunal criminel à se pourvoir en cassation après le jugement, s'il le juge à propos, suivant la forme indiquée par la loi.

Lorsque tous les témoins de part & d'autre ont fini leur déposition, l'accusateur public & la partie plaignante, s'il y en a, doivent être entendus, & expliquer les moyens par lesquels ils prétendront justifier l'accusation : l'accusé ou ses amis & conseils peuvent répondre ; ensuite le président du tribunal criminel fait un résumé de l'affaire &

la

la réduit à ses points les plus simples. Il fait remarquer aux jurés les principales preuves produites pour & contre l'accusé. Ce résumé est destiné à éclairer le juré, à fixer son attention, à guider son jugement ; mais il ne doit pas gêner sa liberté. Les jurés doivent au juge respect & déférence ; ils doivent même lui obéir en tout ce qui ne concerne que la police de l'auditoire ; mais ils ne lui doivent point le sacrifice de leur opinion, dont ils ne sont comptables qu'à leur propre conscience.

Le juge ayant fini son résumé, dira aux jurés de se retirer dans la chambre qui leur est destinée ; il ordonne en même-temps que l'accusé ou les accusés soient reconduits en la maison de justice.

Les jurés retirés dans leur chambre, doivent y rester sans pouvoir communiquer avec personne ; le premier d'entre eux inscrit sur le tableau est leur chef.

Ils doivent examiner les pièces du procès, parmi lesquelles il ne faut pas comprendre les déclarations écrites des témoins, qui ne doivent pas être remises aux jurés, mais seulement l'acte d'accusation, les procès-verbaux & autres pièces semblables. C'est sur ces bases, & particulièrement sur les dépositions & le débat qui ont eu lieu en leur présence, qu'ils doivent asseoir leur conviction personnelle ; car c'est de leur conviction personnelle qu'il s'agit ici : c'est elle que la loi leur demande d'énoncer ; c'est à elle que la société, que l'accusé s'en rapportent. La loi ne leur demande pas compte des moyens par lesquels ils se sont formé une conviction. Elle ne leur prescrit point de règles auxquelles ils doivent attacher particulièrement la plénitude & la suffisance d'une preuve ; elle leur demande de s'interroger eux-mêmes dans le silence & le recueillement, & de chercher dans la sincérité de leur conscience, quelle impression ont faite sur leur raison les preuves rapportées contre l'accusé, & les moyens de sa défense. La loi ne leur dit point : Vous tiendrez pour vrai tout fait attesté par tel ou tel nombre de témoins ;

Code criminel.   L

ou : Vous ne regarderez pas comme suffisamment établie, toute preuve qui ne sera pas formée de tant de témoins ou de tant d'indices. Elle ne leur fait que cette seule question, qui renferme toute la mesure de leurs devoirs : Avez-vous une intime conviction ?

Ce qu'il est bien essentiel de ne pas perdre de vue, c'est que toute la délibération du juré du jugement a pour base l'acte d'accusation. C'est à cet acte qu'ils doivent s'attacher. Leur mission n'a pas pour objet la poursuite des délits ; ils ne sont appelés que pour décider si l'accusé est coupable ou non du crime dont on l'accuse.

Et d'abord, avant de chercher si l'accusé est coupable, ils doivent examiner si le délit est constant : car en vain chercheroit-on un coupable, s'il n'existoit pas de délit.

Lorsqu'ils se sont assurés qu'il en existe un, ils examinent si l'accusé dénommé en l'acte d'accusation est ou non convaincu de ce même délit.

Mais la loi a porté plus loin encore la prévoyance ; & comme c'est l'intention qui fait le crime, elle a voulu que les jurés, quoique certains du fait matériel, & connoissant son auteur, pussent scruter les motifs, les circonstances, & la moralité du fait. Un délit involontaire, ou commis sans intention de nuire, ne peut pas être l'objet d'une punition : d'un autre côté, il peut arriver que la nature de l'accusation ait changé par la défense de l'accusé & les preuves fournies par lui. Nous rendrons ces observations encore plus sensibles par des exemples ; & on reconnoîtra qu'il seroit impossible, sans une injustice révoltante, d'astreindre les jurés à s'en tenir strictement au contenu en l'acte d'accusation. La loi leur ordonne donc, lorsqu'ils ont trouvé que le délit existoit, & que l'accusé étoit convaincu de l'avoir commis, de faire une troisième déclaration d'équité sur les circonstances particulières du fait, soit pour déterminer si le délit a été commis volontairement ou involontairement, avec ou sans dessein de nuire, soit pour prononcer en atténuation du même genre de délit.

Cette marche qui eft néceffairement conforme à la raifon, puifqu'elle eft abfolument prefcrite par la juftice,
fera donc facile à fuivre dans la pratique ; car les inftitutions raifonnables s'apprennent aifément, & fe gravent
comme le fouvenir d'un bienfait, dans la mémoire des
hommes. Ainfi, les jurés & les juges s'en pénétreront en
peu de temps ; mais il eft bon de ne négliger aucun des
développemens qui peuvent lever les premiers embarras
caufés par le défaut d'habitude & d'expérience. C'eft dans
cet efprit que nous alons analyfer l'opération des jurés

Ils délibéreront d'abord fur l'exiftence matérielle du
fait qui avoit conftitué le corps de délit.

Après avoir reconnu l'exiftence du fait, ils délibéreront
enfuite fur l'application de ce fait à l'individu accufé, pour
reconnoître s'il en eft l'auteur.

Enfin, ils examineront la moralité du fait, c'eft-à-dire
les circonftances de volonté, de provocation, d'intention,
de préméditation, qu'il eft néceffaire de connoître pour
favoir à quel point le fait eft coupable, & pour le définir
par le vrai caractère qui lui appartient.

La première queftion à laquelle doivent répondre les
jurés, porte donc fur l'exiftence du fait qui eft l'objet de
l'accufation. S'il s'agit d'un affaffinat, d'un incendie, d'un
faux, l'exiftence d'un tel fait eft toujours facile à féparer
des autres idées acceffoires, telles que celle de l'auteur du
crime, & des intentions dans lefquelles il a été commis.
L'infpection du cadavre, de la maifon brûlée ou de la
pièce falfifiée, rend la certitude de ces faits abfolument
complète, indépendamment des notions ultérieures fur
le nom du coupable & fur les motifs qui l'ont fait agir.

Dans le crime de vol, au contraire, il peut quelquefois
paroître plus difficile de féparer le fait matériel de l'intention. La définition même du vol, telle qu'elle a été conçue par les jurifconfultes, prête à cette confufion de pen-
fées, en ce qu'elle renferme une partie intentionnelle,
& n'attache l'idée précife de vol qu'à l'intention de voler.

Mais il n'est pas moins vrai que tout vol suppose la souftraction d'un effet quelconque à la possession de celui qui en étoit le détenteur; & si toute souftraction d'un effet n'est pas nécessairement un vol, tout vol au moins suppose cette souftraction, qui est le fait matériel sur lequel, avant tout, les jurés doivent donner leur déclaration.

Chacun d'eux se formera donc une conviction intime sur ce premier point : Le fait est il constant ?

Ce sera aussi sur ce premier point qu'ils donneront leur déclaration, lorsqu'ils passeront de la chambre des jurés, où ils délibèrent entre eux, dans celle du conseil, où ils doivent donner leur opinion en présence d'un juge & du commissaire du roi. La formule de cette déclaration est indiquée par la loi. Le juré met la main sur son cœur, & dit : *Sur mon honneur & ma conscience, il y a délit constant*; ou bien, *Sur mon honneur & ma conscience, le délit ne me paroît pas constant*; & pour qu'il ne puisse jamais y avoir lieu à aucune méprise dans la manière de compter les voix, des boules noires & blanches serviront à recueillir dans des boîtes de la même couleur que les boules, les suffrages des jurés. L'opinion favorable à l'accusé sera exprimée en jetant une boule blanche dans la boîte blanche ; l'opinion contraire, en jetant une boule noire dans la boîte noire. Le juge présentera les boules des deux espèces au juré. Celui-ci choisira la boule propre à exprimer son opinion, & la jettera dans la boîte de couleur correspondante.

Ainsi, pour décider le premier point, (le fait est-il constant ?) les jurés qui croiront que le fait n'est pas constant, exprimeront leur avis en mettant une boule blanche dans la boîte blanche. Ceux qui croiront le fait constant, mettront une boule noire dans la boîte noire (1). Enfin,

---

(1) Il sera utile de faire construire les boîtes de manière que la boule noire ne puisse entrer dans l'ouverture de la boule blanche.

pour que les boîtes qui auront servi à exprimer sur la première quest on ne puissent pas se confondre avec les boîtes qui serviront aux questio s suivantes, ces boîtes porteront chacune une inscription. Sur la boîte noire sera écrit : *Fait constant ;* sur la boît blanche : *Fait non constant.*

Sur la question (l'accusé est-il l'auteur du fait ?) il ne se présentera aucune difficulté. Il est sensible que les jurés doivent en donner la solution, qui se présente sous des termes également simples dans tous les genres de délits. La formule de leur décision sera : *Sur mon honneur & ma conscience, l'accusé est convaincu ;* ou : *L'accusé ne me paroît pas convaincu.* Ils jetteront ensuite des boules noires ou blanches dans des boîtes de même couleur que les boules, & dont la noire portera pour inscription : *L'accusé convaincu ;* la blanche, cette autre inscription : *L'accusé non convaincu.*

Vient ensuite la troisième question qui se divise en plusieurs branches, & qui demande à être considérée avec quelques détails.

Il s'agit ici d'examiner la moralité de l'action ; il est des actions qui, par leur nature, sont plus ou moins susceptibles que d'autres de changer de caractère, suivant qu'elles sont produites par des intentions différentes.

Par exemple, une fausse signature n'admet pas de circonstances atténuantes, & ne peut pas trouver son excuse dans ses motifs. On ne commet point un faux involontairement, ni pour une défense légitime, ni emporté par un premier mouvement. Ce crime porte avec lui le caractère de la volonté décidée & de la préméditation.

Au contraire, la mort donnée à un homme, ce qui s'exprime par le mot générique & indéfini d'*homicide*, est un fait susceptible des modifications les plus étendues : en sorte que le même fait matériel peut recevoir, des circonstances qui l'accompagnent, toutes les nuances que l'on peut concevoir entre un crime atroce & un acte légitime : c'est pourquoi nous choisirons l'homicide pour servir d'exemple à la subdivision de la troisième question, qui porte sur la moralité intentionnelle du fait.

Nous supposons que l'homicide soit déclaré constant par les jurés, & que l'accusé soit reconnu pour en être véritablement l'auteur : alors plusieurs circonstances peuvent être essentielles à distinguer.

L'accusé peut avoir commis l'homicide en défendant sa vie, ou, ce qui revient au même, en défendant la vie d'une personne qu'on vouloit assassiner devant ses yeux. Dans ce cas, l'homicide seroit légitime.

L'accusé peut avoir donné la mort par pur accident, & non seulement sans aucune volonté, mais encore sans aucune imprudence ; & alors l'homicide est innocent.

L'accusé peut avoir donné la mort sans aucune volonté, mais par une simple imprudence ; & alors il a encouru non la peine de l'homicide, mais celle de l'imprudence, qui est du ressort de la police correctionnelle.

L'accusé peut avoir donné la mort dans un mouvement impétueux, dans lequel il a été précipité par une provocation plus ou moins capable de troubler sa raison, d'exciter en lui une passion violente, & de lui ravir l'usage libre de sa volonté (1).

L'accusé peut avoir donné la mort volontairement ; mais

---

(1) C'est particuliérement aux faits de cette nature, que se rapporte la prononciation, *excusable*, mesure juste & salutaire qui fait concourir l'équité avec la justice ; précaution nécessaire dans toute législation qui ne veut pas être inhumaine. Les lettres de grace étoient destinées à remplir cet objet dans l'ancien régime ; mais cette manière de distribuer le remède d'équité, étoit si partiale, si inégale, si indulgente pour le crime protégé, si inofficieuse pour le malheur sans appui, que l'inflexible justice eût paru moins dure au grand nombre, qu'une clémence si injurieusement répartie. Mais nous traiterons séparément, de la prononciation d'*excusable*, qui doit être l'objet d'une délibération réservée pour une autre époque du jugement. Les jurés n'auront à examiner en ce moment, que la question de savoir s'il y a eu, ou non, provocation.

ce crime peut avoir été par lui auſſitôt exécuté que conçu, commis ſans réflexion par l'effet d'un premier mouvement; & c'eſt le cas du meurtre propr_ment dit.

Enfin l'accuſé peut avoir donné la mort après avoir conçu & préparé cet horrible deſſein, concerté les moyens, épié le moment de le mettre à exécution; & c'eſt le cas du deſſein prémédité ou de l'aſſaſſinat.

Il eſt clair que ces différentes ſuppoſitions, qui toutes peuvent s'appliquer à l'exiſtence prouvée du même fait matériel, & à la certitude que *tel* en eſt l'auteur, apportent une différence immenſe entre les caractères moraux de la même action; & que les jurés ne peuvent ſe diſpenſer d'étudier ces nuances & de les ſpécifier, pour prononcer ſur le fait dont un homme traduit devant eux eſt accuſé.

Car ils n'auroient rien fait pour la vérité & pour l'application de la loi, s'ils n'avoient fait que déclarer : *Un tel a commis un homicide*; puiſqu'il reſteroit encore à leur demander ſi c'eſt un homicide innocent ou légitime, volontaire ou involontaire, de premier mouvement ou de deſſein prémédité.

Il faut donc que la déclaration des jurés contienne cette explication, & c'eſt pour cela que la loi veut qu'ils en délibèrent. Mais faut-il que, dans tous les cas, ils ſe propoſent à eux-mêmes autant de queſtions qu'il y a de nuances admiſſibles entre l'aſſaſſinat & l'homicide légitime? Il en réſulteroit une complication inutile dans leur travail, & une abſurdité dans la poſition de ces queſtions différentes, puiſqu'il y en a qui s'excluent néceſſairement. Par exemple, quand il y a lieu d'examiner ſi, ou non, un meurtre a été occaſionné par une provocation grave? certes, il n'y a pas lieu d'examiner ſi c'eſt un pur homicide innocent, arrivé par haſard & par un ſimple accident.

L'incohérence évidente de ces deux queſtions rebuteroit tout homme de bon ſens, & dégoûteroit les jurés, qui doivent toujours prendre leur raiſon pour guide, d'une inſtitution où les idées raiſonnables ſeroient ſi manifeſtement bleſſées.

*autre   Mais, d'un * côté, il y auroit de l'inconvénient à ne pas guider les jurés ſur la poſition des queſtions differentes qu'ils doivent ſe propoſer ſur la moralité du fait. Il ſeroit à craindre qu'ils n'en omiſſent d'eſſentielles, ou qu'il ne s'élevât entre eux des débats ſur la manière de les poſer; & ces difficultés pourroient prolonger beaucoup leur operation, quelquefois même les jeter dans des embarras dont ils auroient peine à ſortir.

Ce ſera donc au juge qui conduit la procédure, & qui préſide & dirige le débat, de recueillir attentivement les differentes queſtions relatives à l'intention auxquelles la nature du fait & des charges peut donner ouverture, pour les indiquer au juré, & fixer ſur cet objet ſa délibération.

Après avoir pris l'avis du tribunal ſur la manière de poſer les queſtions, il les poſera en preſence du public, de l'accuſé, de ſes conſeils & des jurés auxquels il les remettra par écrit, & arrangées dans l'ordre dans lequel ils devront en deliberer. L'accuſé, ſes conſeils & l'accuſateur public pourront lui faire quelques obſervations à cet égard, s'ils le jugent néceſſaire; & les jurés delibéreront ſur ces queſtions dans l'ordre où elles leur auront été préſentées par le juge.

Ils en délibéreront, comme ſur les deux premières, avec des boules noires & des boules blanches, & des boîtes de l'une & l'autre couleur, ſur leſquelles on inſcrira l'affirmative & la négative de chacune des queſtions poſées par le juge. Il y aura autant de paires de boîtes qu'il y aura de queſtions differentes recommandées par le juge à la deciſion des jurés. La boule & la boîte blanche ſerviront conſtamment à exprimer l'opinion favorable à l'accuſé. La boule & la boîte noire ſerviront à exprimer l'opinion contraire.

Cette méthode eft d'une facile exécution, & la pratique habituelle la rendra quelque jour plus facile & plus aifée.

On fe rappelle que les jurés fe font retirés dans leur chambre, pour y délibérer & former leur opinion individuelle fur chacun des points que le juge leur a donnés à décider. Lorfque tous font prêts a prononcer, ils font avertir les juges ; & l'un d'eux autre que le préfident, paffe, ainfi que le commiffaire du roi, dans la chambre du confeil, pour y recevoir la déclaration des jurés.

Le chef des jurés, c'eft-à-dire, le premier infcrit fur la lifte, fe préfente le premier ; il fait fa déclaration dans les termes ci-deffus rapportés. D'abord fur cette queftion : « Le fait eft-il conftant ? » Et il la conftate de fuite, en pofant une boule noire ou blanche dans la boîte qui correfpond à fa déclaration.

S'il n'a pas trouvé le fait conftant, il n'a pas d'autre déclaration à faire.

S'il l'a trouvé conftant, il paffe à la feconde déclaration fur cette queftion : « L'accufé eft-il l'auteur du » fait ? » Il appuie enfuite cette déclaration comme la première, en plaçant une boule noire ou une blanche, fuivant fon opinion, dans une des boîtes difpofées à cet effet. S'il ne penfe pas que l'accufé foit l'auteur du délit en queftion, il n'a plus de fuffrage ultérieur à donner. Si, au contraire, il penfe que le fait ait été commis par l'accufé, alors il doit opiner fur les queftions intentionnelles pofées par le juge.

Lorfque le juge pofe plufieurs queftions relatives aux différens degrés d'intention, il doit les difpofer de telle forte, que la plus favorable à l'accufé fe décide toujours la première, & ainfi de fuite, jufqu'à celle qui lui feroit la moins favorable. Ainfi, la queftion de favoir fi un accufé a commis un homicide à fon corps défenuant, doit précéder la queftion de favoir s'il l'a commis d'après une provocation qui puiffe l'excufer.

Le chef des jurés énonce donc ſon opinion dans ce même ordre , ſur chacune des queſtions intentionnelles qui ont été poſées par le juge , & la confirme par l'émiſſion d'une boule noire ou blanche : d'où il ſuit naturellement que s'il y a pluſieurs queſtions intentionnelles poſées par le juge , le juré qui a donné une boule blanche ſur la première queſtion , n'a plus à donner de ſuffrage ſur la ſeconde : la raiſon en ſera rendue ſenſible en continuant à nous ſervir du même exemple. Si le juré a exprimé par une boule blanche , qu'un homicide a été commis par l'accuſé à ſon corps défendant , il n'a plus à s'expliquer ſur le fait de ſavoir ſi l'accuſé avoit été ſuffiſamment provoqué , que pour que cette provocation lui ſervît d'excuſe : car la première propoſition que le juré a affirmée , va au-delà de la ſeconde ; elle eſt plus favorable à l'accuſé , & le juſtifie plus complètement.

On voit par cette obſervation , qu'auſſitôt que le juré s'eſt déterminé en faveur de l'accuſé ſur une des queſtions ſoumiſes ſucceſſivement & par ordre à ſa déciſion , & qu'il a en conſéquence émis une boule blanche , il n'a plus à donner de ſuffrages ſur les queſtions ultérieures. Au contraire , tant qu'il donne des boules noires , c'eſt-à-dire , tant qu'il juge contre l'accuſé les queſtions qui lui ſont préſentées dans leur ordre graduel , il lui reſte à prononcer ſur les queſtions ultérieures , juſqu'à ee qu'il ait donné ſon opinion ſur toutes celles que le juge a poſées.

Quand le chef des jurés a fini d'opiner , il reſte dans la chambre du conſeil , pour être témoin des opinions que donneront après lui tous les autres jurés , qui doivent ſuivre exactement la même marche dans la manière de donner leur ſuffrage ; mais lui ſeul d'entre les jurés doit reſter préſent avec un des juges & le commiſſaire du roi à toute cette opération , & les autres jurés doivent ſe retirer à meſure qu'ils ont fini leurs déclarations.

Les douze jurés ayant achevé de donner leur déclaration individuelle , ils doivent tous rentrer dans la chambre

du conſeil; & là, en leur préſence & en celle du commiſſaire du roi, le juge fait l'ouverture des boîtes dans
le même ordre que celui dans lequel ont été poſées les
queſtions auxquelles elles correſpondent. D'abord, on
ouvre les boîtes qui ont ſervi à décider ſi le fait eſt conſtant ou non conſtant. Sur cette première queſtion, s'il ſe
trouve trois boules blanches, il eſt décidé que ce fait n'eſt
pas conſtant, & la délibération eſt terminée.

S'il ne ſe trouve pas trois boules blanches données ſur
la queſtion du fait, on paſſe à l'ouverture des boîtes ſur
la queſtion de ſavoir quel eſt l'auteur du fait; mais avant
de paſſer au recenſement des boules blanches ſur cette
ſeconde queſtion, il ne faut pas manquer de réſerver les
boules blanches qui peuvent avoir été données ſur la première queſtion, & qui, n'étant pas au nombre de trois,
n'ont pas emporté la balance. Ces boules doivent s'additionner avec les boules blanches qui ſeront trouvées dans
la boîte blanche ſervant à la ſeconde queſtion; & cela eſt
de toute juſtice: car les jurés qui, ſur la première queſtion,
ont eſtimé qu'il n'y avoit pas de fait conſtant, doivent ſur
la ſeconde, ſe joindre à ceux qui ne penſent pas que *tel
accuſé* en ſoit l'auteur.

Si cette admiſſion des boules blanches émiſes ſur la
première & ſur la ſeconde queſtion, donne trois boules
blanches, la délibération ſe termine là; & il eſt décidé
que l'accuſé n'a pas paru aux jurés, convaincu du fait porté
en l'accuſation.

Si au contraire cette addition ne donne pas le nombre
de trois boules blanches, le juge paſſera à l'ouverture des
boîtes relatives à la queſtion intentionnelle, ou à la première de ces queſtions, s'il y en a eu pluſieurs de poſées.

Dans ce troiſième recenſement, les boules blanches
fournies ſur les deux premières queſtions, doivent encore
ſe réunir à celles qui vont ſe trouver dans la boîte blanche.
En effet, les jurés qui ont été d'avis qu'il n'y avoit pas
de fait conſtant, ou que l'accuſé n'étoit pas convaincu,

n'ayant pas été en affez grand nombre de cet avis pour le faire prévaloir, ne peuvent s'empêcher de fe réunir à ceux des jurés qui fe décideront en faveur de l'accufé fur les queftions intentionnelles.

S'il y a eu plufieurs queftions intentionnelles pofées, & fi les trois premiers recenfemens réunis n'ont pas encore fourni une fomme additionnelle de trois boules blanches, on paffe à l'ouverture des boîtes fur la feconde queftion intentionnelle, ainfi de fuite jufqu'à ce que le recenfement des fuffrages foit terminé, foit par l'ouverture de toutes les boîtes, foit par une fomme de trois boules blanches, qui arrête & fixe la décifion des jurés fur la queftion fur laquelle l'accufé a obtenu la troifième boule blanche.

Cette décifion recueillie par le juge en préfence du commiffaire du roi, & conftatée par le chef des jurés, tous rentrent dans la chambre d'audience: chacun y reprend fa place; & le chef des jurés, fe levant, prononce en leur nom la déclaration en ces termes : « Sur mon » honneur & fur ma confcience, la déclaration du juré eft » que l'accufé eft, (ou) que l'accufé n'eft pas convaincu, & » *que* (ou) *mais que*..... » (Ici fe place la déclaration fur le fait intentionnel pofé par le juge).

Nous penfons que ces détails fuffiront pour éclairer la marche des jurés & du juge qui doit les diriger ; pour faire difparoître à leurs yeux les difficultés nées d'une complication apparente de moyens, qui n'eft au fond qu'une méthode analytique pour obtenir d'eux des réponfes cathégoriques fur des queftions nettement pofées.

Mais, avant de quitter cette matière, nous devons encore quelques développemens fur la méthode que le préfident doit employer pour faire opiner les jurés fur les circonftances indépendantes, qu'il faut bien fe garder de confondre avec les modifications aggravantes ou atténuantes d'un même fait. Ces circonftances font nommées indépendantes, parce qu'elles font tellement ifolées les unes des autres, que chacune d'elles peut être jugée vraie ou fauſſe, ſans que cela puiſſe influer ſur le jugement à prononcer relativement aux autres

Un exemple rendra cette définition plus palpable, & nous l'emprunterons du crime de vol.

N. eſt convaincu d'avoir volé une ſomme de mille écus; ſon délit eſt de nature différente s'il l'a volée de nuit, ou de jour; avec effraction extérieure, ou ſans effraction extérieure.

Ces circonſtances ſont indépendantes les unes des autres. L'effraction peut être prouvée ſans que le vol de nuit ſoit prouvé, & réciproquement. Tel juré qui eſt d'avis que ce vol ne s'eſt pas commis la nuit, ne préjuge par-là rien de relatif à l'effraction. Il peut donner une boule blanche ſur la première queſtion, & une boule noire ſur la ſeconde, & *vice versâ*.

D'où il ſuit, 1°. que pour faire prononcer les jurés ſur les circonſtances indépendantes, le juge ne trouvera pas l'ordre des queſtions indiqué par la ſérie des idées, & qu'ainſi il pourra les préſenter dans l'ordre qu'il voudra, ſans s'aſtreindre à commencer par celles qui ſont le moins aggravantes, puiſque ce ſont autant de faits ſéparés & ſans affinité ;

2°. Que les boules blanches fournies ſur chacune des différentes circonſtances indépendantes, ne doivent pas s'additionner entre elles, mais qu'elles doivent ſeulement s'additionner avec les boules blanches fournies ſur les deux premières queſtions relatives à l'exiſtence du corps du délit, & à la conviction de l'auteur de ce délit;

3°. Que le juré qui a fourni une boule blanche ſur une circonſtance indépendante, ne continue pas moins à donner ſon opinion ſur les autres circonſtances indépendantes, parce que ſon opinion ſur l'une de ces circonſtances n'influe en rien ſur ce qui reſte à juger relativement aux autres; les déciſions ſubſéquentes n'étant pas implicitement renfermées dans celle qu'il a rendue.

Tous ces détails vont s'expliquer par un exemple déja cité. Je ſuppoſe les circonſtances ſuivantes.

Sur la première queſtion : « Le fait eſt-il conſtant ? » il s'eſt trouvé une boule blanche.

Sur la ſeconde queſtion : « Quel eſt l'auteur du fait ? » il n'y a pas eu de boule blanche.

Sur la troiſième queſtion relative à une circonſtance indépendante : « Le vol a-t-il été commis la nuit ? » il ſe trouve une boule blanche. Elle s'additionne avec la boule blanche donnée ſur la première queſtion ; mais comme cette addition ne donne en ſomme que deux boules blanches, les dix boules noires l'emportent, & la déclaration eſt que le vol a été commis de nuit. Le juré qui a donné ici la boule blanche, n'opinera pas moins ſur la queſtion ſuivante.

Sur cette quatrième queſtion relative à une autre circonſtance indépendante, ſavoir : « Le vol a-t-il été com» mis avec effraction extérieure ? » il ne ſe trouve qu'une boule blanche. Si cette boule s'additionnoit avec celle qui ſignifioit que le vol n'a pas été commis la nuit, & enſuite avec celle qui a ſignifié que le fait n'eſt pas conſtant, cette quatrième queſtion ſeroit réſolue en faveur de l'accuſé ; mais cette ſuppuration ſeroit injuſte & déraiſonnab'e ; car le juré qui a été d'avis que le vol n'étoit pas fait de nuit, n'a rien préjugé ſur l'effraction extérieure : on n'additionnera donc pas les deux boules blanches fournies ſur les deux circonſtances indépendantes ; mais on réunira ſeulement celles fournies ſur chacune de ces circonſtances ſéparément, à celles qui ont été recenſées ſur les deux premières queſtions relatives à l'exiſtence du fait & à la conviction de l'accuſé ; & dans l'exemple poſé, il en réſulte que par la majorité de dix boules noires contre deux blanches , chaque circonſtance indépendante eſt prouvée à la charge de l'accuſé.

Ces diſtinctions bien établies, nous revenons au moment où le chef des jurés a prononcé la déclaration en préſence de l'auditoire.

Le greffier reçoit & écrit cette déclaration, qui eſt ſignée de lui & du préſident.

Si l'accuſé eſt déclaré non convaincu du fait porté dans l'acte d'accuſation, & qu'il ait été inculpé ſur un autre fait par les dépoſitions des témoins, l'accuſateur public pourra demander au préſident de faire arrêter le prévenu ; & à l'occaſion de ce nouveau fait, le préſident, après avoir pris du prévenu les éclairciſſemens qu'il voudra donner, pourra, s'il y a lieu, le faire arrêter, & le renvoyer devant un juré d'accuſation, avec les témoins, pour être procédé à une nouvelle accuſation : dans ce cas, le juré d'accuſation ſera celui du diſtrict dans le chef-lieu duquel ſiège le tribunal criminel.

Mais ſi l'accuſé eſt convaincu du fait porté dans l'acte d'accuſation, il ne pourra jamais être pourſuivi pour raiſon du nouveau fait, qu'autant que celui-ci mériteroit une peine plus forte que le premier ; auquel cas il ſera ſurſis à l'exécution de la première peine, juſqu'après le ſecond jugement.

Lorſque l'accuſé aura été déclaré non convaincu du fait, ou que les jurés auront déclaré que le fait a été commis involontairement & ſans intention de nuire, cette déciſion ſuffira pour abſoudre l'accuſé ; & le préſident, ſans avoir beſoin, ni de conſulter les juges, ni d'entendre le commiſſaire du roi, prononcera que l'accuſé eſt acquitté de l'accuſation, & ordonnera qu'il ſoit mis ſur-le-champ en liberté.

Le code criminel & celui de police correctionnelle ont réglé la peine encourue par les délits que les jurés prononceront avoir été commis involontairement ou par ſimple imprudence, ſans préjudice aux dommages & intérêts de la partie.

Le code pénal règle auſſi es condamnations auxquelles la peine doit être réduite lorſque le juge prononcera, d'après la déclaration des jurés, que le délit est excusable. Cette prononciation sera employée lorsque le juge aura estimé que les faits de provocation allégués par l'accusé, ou résultant du débat, renferment une excuse suffisante, & aura posé la question de savoir si, ou non, cette provocation a existé. Si les jurés trouvent que les faits de cette provocation soient bien justifiés, & en font la déclaration sur la question intentionnelle, alors le juge prononce que le délit est excusable.

Tout particulier acquitté de l'accusation, ne pourra plus être repris ni accusé pour le même fait ; mais il n'aura à prétendre aucune indemnité contre la société : ce sera à lui à poursuivre ses dénonciateurs.

La décision des jurés, dans aucun cas, ne peut être soumise à l'appel : cependant, comme tous les hommes peuvent se tromper, la loi ne permet pas que le sort de l'accusé soit tellement dépendant des jurés, que celui-ci ne puisse jamais, même en cas d'erreur sensible ou d'opinion évidemment fausse, éviter une condamnation injuste. C'est pourquoi elle a établi un remède dont l'usage ne doit être employé qu'avec la plus grande circonspection, & dans le cas infiniment rares où la décision des jurés paroîtra au juge évidemment erronée. Alors le tribunal, dans le cas seulement où l'accusé auroit été déclaré coupable, & jamais lorsqu'il auroit été acquitté, pourra ordonner que les trois jurés adjoints, qui ont également assisté à l'instruction, se joindront aux douze qui ont prononcé. Alors il se fait un nouvel examen ; & les quinze jurés ne peuvent prendre de décision qu'aux quatre-cinquièmes des voix.

Lorsque l'accusé aura été déclaré convaincu, le président, en présence du public, le fera comparoître, & lui donnera connoissance de la déclaration du juré ; sur cela le commissaire du roi fera sa réquisition pour l'exécution de la loi.

Le président demandera à l'accusé s'il n'a rien à dire

pour

pour fa défenfe ; mais il n'eft plus queftion de combattre la vérité du fait atteftée par la décifion des jurés. Ce fait eft alors tenu pour conftant, & l'accufé convaincu de l'avoir commis ; mais il peut par lui ou fes confeils fouténir que ce fait n'eft pas défendu par la loi, qu'elle ne le regarde pas comme un délit, où qu'il ne mérite pas la peine à laquelle a conclu le commiffaire du roi.

Enfuite les juges opinent fans défemparer. Le plus jeune commence , & tous fucceffivement jufqu'au préfident, donnent leur avis à haute voix & en préfence du public, foit pour condamner l'accufé à la peine établie par la loi, foit pour acquitter l'accufé dans le cas où le fait dont il eft convaincu n'eft pas défendu par elle.

Le préfident recueille enfuite les voix ; mais avant de prononcer le jugement, il lit le texte de la loi fur laquelle il eft fondé.

Si les juges font partagés entre deux avis pour l'application de la loi, c'eft l'avis le plus doux qui l'emporte. S'il y a plus de deux avis ouverts, c'eft-à-dire, fi trois juges penfent différemment, ou fi deux juges font réunis à l'avis le plus févère, ils appelleront dans ce cas des juges du tribunal du diftrict pour les départager.

Lorfque le préfident a prononcé, le greffier écrit le jugement, & y infère le texte de la loi lu par le préfident.

Le tribunal criminel eft auffi compétent pour connoître des intérêts civils, qui peuvent être demandés par les parties dans les procès criminels, & il y ftatuera en dernier reffort.

Le préfident de ce tribunal eft tenu par la loi, fous peine d'être fufpendu de fes fonctions, d'envoyer copie du jugement d'abfolution ou de condamnation qui fera intervenu, tant à la municipalité du lieu de la fituation de la maifon de diftrict où le prévenu avoit été détenu, qu'à la municipalité du lieu de fon domicile. Il doit y avoir à cet effet dans chaque municipalité, un regiftre particulier pour y tenir note des avis qui leur auront été

Code criminel.   M

donnés, soit dans ce dernier cas, soit dans les cas qui ont été détaillés ci-dessus.

Lorsque le jugement a été prononcé à l'accusé, il doit être sursis pendant trois jours à son exécution. Pendant ce délai, l'accusé aura le droit de se pourvoir en cassation ; & s'il ne l'a pas fait, la condamnation sera exécutée sur les ordres du commissaire du roi, qui aura le droit à cet effet de requérir l'assistance de la force publique.

Si l'accusé veut se pourvoir en cassation, il sera tenu, dans ledit délai de trois jours, de faire sa déclaration, qu'il entend se pourvoir par cette voie : après quoi il aura quinzaine pour rassembler ses pièces & former sa demande. A ce délai sera ajouté celui d'un jour par dix lieues, tant pour l'allée que pour le retour, pour les accusés qui ne seront pas détenus dans le lieu où le tribunal de cassation tiendra ses séances. Durant ces délais, il sera sursis à l'exécution. Sa requête, adressée au tribunal de cassation, & signée de lui, sera remise au greffier du tribunal criminel, qui lui en délivrera reconnoissance (1).

Celui-ci remettra la requête au commissaire du roi, qui lui en délivrera également reconnoissance, & sera tenu de l'envoyer aussitôt au ministre de la justice.

Le commissaire du roi pourra aussi demander, au nom de la loi, la cassation du jugement ; il sera tenu, dans le même délai de trois jours, d'en passer sa déclaration au greffe, & d'envoyer aussitôt sa requête au ministre de la justice.

Les demandes en cassation ne pourront être formées que pour causes de nullités prononcées par la loi, soit dans

---

(1) Si la partie ne savoit pas signer, le greffier du tribunal criminel, en la recevant, fera mention au bas, que la partie a déclaré ne savoir signer.

l'inftruction, foit dans le jugement, ou pour fauffe application de la loi.

Le tribunal de caffation n'eft point en effet, un degré
d'appel ni de jurifdiction ordinaire , & il n'eft inftitué que
pour ramener perpétuellement à l'exécution de la loi toutes
les parties de l'ordre judiciaire qui tendroient à s'en écarter : le but de cette inftitution fuffit pour expliquer fa
compétence.

Les requêtes en caffation feront adreffées par le commiffaire du roi au miniftre de la juftice, lequel fera tenu ,
dans les trois jours, d'en donner avis au préfident du tribunal criminel, & d'en accufer la réception au commiffaire du roi : celui-ci en donnera connoiffance à l'accufé
& à fon confeil.

Le miniftre de la juftice remettra ces demandes au
tribunal de caffation.

Si la demande en caffation eft préfentée par le condamné , elle ne pourra être jugée qu'après un mois révolu , à compter du jour de la réception de la requête ;
& pendant ce délai , le condamné pourra faire parvenir
au tribunal de caffation , par le miniftre de la juftice ,
le moyen qu'il voudra employer.

Le tribunal de caffation examinera , dans la forme indiquée par le décret d'établiffement de ce tribunal , les
requêtes en caffation qui lui feront préfentées , & il con-
firmera ou annullera les jugemens. S'il les confirme , le
miniftre de la juftice , auquel le commiffaire du roi près
le tribunal de caffation rendra compte des jugemens de
ce tribunal, en fera parvenir le difpofitif au préfident du
tribunal criminel & au commiffaire du roi, qui en donnera connoiffance au condamné & à fon confeil ; & dans
les vingt-quatre heures après la réception de cette décifion , le commiffaire du roi fera exécuter le jugement de
condamnation.

Si le tribunal caffe les jugemens , il exprimera dans fa

déciſion le motif de la caſſation, & renverra le procès à un autre tribunal criminel qu'il indiquera.

Le miniſtre de la juſtice enverra pareillement cette dé-ciſion au préſident du tribunal criminel & au commiſſaire du roi, qui en donnera connoiſſance à l'accuſé & à ſon conſeil.

Il enverra auſſi la déciſion au tribunal indiqué par le tribunal de caſſation.

L'accuſé ſera en conſéquence renvoyé en perſonne de-vant le nouveau tribunal indiqué, avec toutes les pièces du procès, à la diligence du commiſſaire du roi de ſervice près le tribunal dont le jugement a été annullé.

Ce nouveau tribunal, ſi le jugement a été annullé à raiſon de fauſſe application de la loi, rendra ſon jugement ſur la déclaration déja faite par le juré du premier tribu-nal, après avoir entendu l'accuſé ou ſes conſeils, ainſi que le commiſſaire du roi.

Si le jugement avoit été annullé à raiſon de violation ou d'omiſſion de formes preſcrites, à peine de nullité, dans l'examen & la déclaration du juré, l'accuſé, ainſi que les témoins qui ont dépoſé, ſeront de nouveau entendus pardevant un juré de jugement, que le nouveau tribunal fera aſſembler à cet effet en la forme indiquée par la loi.

Si le tribunal indiqué rend un jugement contre lequel on ſe ſoit de nouveau pourvu en caſſation, & s'il préſente les mêmes motifs de caſſation que le premier, cette cir-conſtance annonce qu'il peut y avoir dans la loi des diſpo-ſitions qui ne ſoient pas aſſez clairement entendues. Le tribunal de caſſation en référera dans ce cas à la légiſlature, qui déclarera quelle eſt la véritable ſignification de la loi. Le tribunal de caſſation ſera tenu de ſe conformer au dé-cret qui interviendra; &, en cas qu'il y ait lieu d'annuller le jugement, il renverra à un troiſième tribunal criminel.

Ainſi ſe termine la procédure criminelle, qui déſormais aura lieu pour les accuſés préſens.

Mais le prévenu ou l'accuſé peut être en fuite, & il

peut se faire que sur l'ordonnance de prise-de-corps rendue par le directeur du juré, il ait été impossible de le
saisir, ou qu'il n'ait point comparu sur l'ordonnance de se
présenter en justice, dans le cas où il auroit été reçu à
caution.

Dans ces deux cas, le président du tribunal criminel,
auquel sera renvoyée l'ordonnance du directeur du juré,
& les pièces qui constatent que le prévenu n'a pu être saisi
& qu'il n'a point comparu, rendra une ordonnance portant qu'il sera fait perquisition de sa personne, & que
chaque citoyen est tenu d'indiquer l'endroit où il se trouve.

Cette ordonnance, avec copie de celle de prise-de-
corps, ou de se représenter en justice, sera, à la diligence
du commissaire du roi, affichée à la porte de l'accusé & à
son domicile élu, ainsi qu'à la porte de l'église du lieu de
son domicile, ou à la porte de l'auditoire pour ceux qui
ne sont pas domiciliés ; elle sera également notifiée à ses
cautions, s'il en a fourni, & proclamée dans les lieux ci-
dessus énoncés, pendant deux dimanches consécutifs, à
peine de nullité de toute la procédure qui seroit faite sans
ces formalités. Il sera dressé procès-verbal de toutes ces
opérations.

Passé ce temps, les biens de l'accusé seront saisis à la
diligence & requête du commissaire du roi de service près
le tribunal criminel, & ses revenus seront versés dans la
caisse du district, ainsi qu'il sera déterminé par la suite.

Huitaine après la dernière proclamation, le président
du tribunal criminel, sur le vu des procès-verbaux d'af-
fiches & proclamations, rendra une seconde ordonnance,
portant que l'accusé est déchu du titre de citoyen français, que toute action en justice lui est interdite pendant
tout le temps de sa contumace, & qu'il va être procédé
contre lui malgré son absence.

Cette ordonnance sera signifiée, proclamée & affichée
aux lieux & dans la même forme que ci-dessus.

Après un nouveau délai de quinzaine, à compter du

jour de la proclamation de la seconde ordonnance , le procès sera continué dans la forme qui est prescrite pour les accusés présens.

Ainsi , le jour de l'assemblée des jurés , les jurés paroîtront comme si l'accusé étoit présent : les témoins seront entendus ; mais dans ces cas leurs dépositions seront reçues par écrit : ensuite les jurés se retireront, décideront , & feront leurs déclarations dans la même forme que celle indiquée ci-dessus.

Aucun conseil ne pourra se présenter pour défendre l'accusé contumax sur le fond de son affaire ; mais s'il est dans l'impossibilité absolue de se rendre , ses amis pourront exposer & plaider les motifs de son absence devant le tribunal , qui jugera la légitimité de l'excuse.

S'il la trouve fondée , il ordonnera qu'il sera sursis à l'examen & au jugement pendant un temps qu'il fixera , eu égard à la nature de l'excuse & à la distance des lieux ; & pendant ce temps , les biens de l'accusé seront libres.

Lorsque les jurés auront fait leurs déclarations , si elles sont contraires à l'accusé , le tribunal appliquera la loi, & le jugement sera exécuté à la diligence du commissaire du roi , dans les vingt-quatre heures de sa prononciation.

Cette exécution se fera en inscrivant les condamnations intervenues contre l'accusé contumax , dans un tableau qui sera suspendu au milieu de la place publique par l'exécuteur de la haute-justice.

Pendant toute la vie de l'accusé contumax , ses biens restent saisis au profit de la nation , sauf le cas ci-après. Si cependant il avoit une femme & des enfans , un père ou une mère dans le besoin , ils pourront présenter leur requête au tribunal civil , à fin de distraction à leur profit d'une somme annuelle ou une fois payée.

Le tribunal , après avoir vérifié les motifs de la demande , & entendu le commissaire du roi , pourra adjuger une somme quelconque, qu'il fixera par le jugement , pour être touchée sur les revenus des biens de l'accusé contumax.

Toute peine portée dans un jugement de condamnation sera prescrite par vingt années, à compter de la date du jugement : ainsi, après ce temps, l'accusé ne pourra plus être recherché pour la peine contre lui prononcée.

Ses héritiers pourront aussi, après le même délai de vingt ans, demander au tribunal civil d'être envoyés provisoirement en possession de ses biens, & le tribunal pourra leur accorder cette possession provisoire, en donnant par eux caution de restituer, dans le cas où l'accusé se présenteroit.

Mais après la mort de l'accusé légalement prouvée, ou après cinquante ans, à compter de la date du jugement, ses biens seront restitués à ses héritiers légitimes, qui, bien entendu, ne pourront demander aucune restitution des fruits.

L'accusé contumax pourra en tout temps se représenter, en se constituant prisonnier, & donnant connoissance au président de sa comparution. Et du jour où il aura rempli ces formalités, tous jugemens & procédures faites contre lui seront anéanties de droit, sans qu'il soit besoin d'un jugement nouveau. Il en sera de même s'il est repris & arrêté.

L'accusé qui se sera représenté rentrera aussi dans tous ses droits civils, à compter de ce jour : ses biens lui seront rendus, ainsi que les fruits de ceux qui auront été saisis ; à la déduction néanmoins des frais de régie & de ceux du procès, qui seront réglés par le tribunal criminel.

Alors il sera procédé de nouveau, & suivant les formes de la loi, à l'examen & au jugement du procès, à compter de l'ordonnance de prise-de-corps. Les témoins seront entendus de nouveau, sans que leurs dépositions soient écrites : néanmoins les dépositions écrites des témoins décédés pendant son absence seront produites, mais pour y avoir tel égard que de raison par les jurés, qui ne doivent jamais perdre de vue que les preuves écrites ne font point la règle unique de leurs décifions, & qu'elles ne leur fervent que de renfeignemens.

Si l'accufé qui s'eft repréfenté eft déclaré abfous, il n'aura aucun recours, pas même contre fon dénonciateur, & le juge lui fera en public une réprimande pour avoir douté de la juftice & de la loyauté de fes concitoyens; enfuite il fera remis en liberté.

Telle eft la procédure prefcrite par la loi pour les contumaces.

Nous finirons cette inftruction par quelques obfervations fur un titre particulier de la procédure par jurés, que la loi a co facré aux délits de faux, de banqueroute, & autres femblables délits dont le fait eft tellement compliqué par fa nature, que les lumières fimples des jurés ordinaires ne pourroient fuffire pour faifir la vérité fur ces matières délicates & qui exigent une mefure de connoiffances au-deffus du commun. Nous ne détaillerons pas ici la partie de ces procédures qui ne préfente rien de difficile ni de nouveau. Nous nous contenterons d'annoter les principales différences qu'il a été néceffaire d'introduire dans la procédure criminelle, à raifon de ces délits particuliers.

La première de ces différences confifte dans le choix de l'officier devant qui doit être portée la plainte. On comprendra facilement le motif qui a déterminé la loi à exiger, que dans les villes au-deffous de 40,000 ames, cette plainte ne fût portée que devant le directeur du juré; car l'officier qui reçoit la plainte eft auffi celui qui doit recevoir les déclarations des témoins, entendre le prévenu, & délivrer en conféquence le mandat d'amener & le mandat d'arrêt. Ces fonctions exigent qu'on foit verfé dans la connoiffance des matières délicates qui appartiennent à la nature des délits pour lefquels cette procédure eft inftituée; & ce feroit trop exiger du plus grand nombre des officiers de police, que d'attendre d'eux toutes les lumières qui font requifes en de telles circonftances.

Une autre de ces différences confifte dans la manière dont les jurés, foit d'accufation, foit de jugement, doivent être compofés. Pour 'es affaires de cette nature, il fera formé des jurés fpéciaux, tant pour prononcer fur la queftion de favoir s'il y a lieu à accufation, que pour prononcer fur le délit même.

Le tableau des jurés d'accufation fera fait par le procureur-fyndic du diftrict & compofé de feize noms. Entre ces noms, huit feront défignés par le fort. On conçoit facilement la raifon qui défère la formation de cette lifte à un officier élu par le peuple & à portée de connoître ceux d'entre fes concitoyens qui font capables de prononcer fur le fait en queftion.

Ce fera pareillement le procureur-général-fyndic du département qui formera la lifte du juré de jugement. Elle fera compofée de 26 noms. L'accufé aura, comme dans les autres cas, la liberté de récufer vingt jurés fans donner les motifs de fa récufation ; on voit que dans le cas où vingt jurés auroient été récufés, il en refteroit encore fur la lifte fix de ceux qui auroient été nommés par le procureur-fyndic ; alors fix autres jurés pris fur la lifte fe rejoindroient aux fix jurés non récufés.

Ces premières récufations n'excluent pas, comme de raifon, les récufations motivées & dont le jugement appartient au tribunal criminel.

Mais la manière dont la lifte a été formée par un feul fonctionnaire, exige auffi l'introduction d'une nouvelle forte de récufation qui porte fur la lifte toute entière. Cette récufation peut s'exercer en alléguant quelque caufe ou preuve de partialité de la part de l'officier qui a fait la lifte, & en prouvant qu'il l'auroit compofée, avec malignité, des ennemis de l'accufé & d'hommes intéreffés à lui nuire.

C'eſt au tribunal criminel à juger du mérite de cette récuſation, & la ſeule règle que l'on puiſſe indiquer à ce ſujet, c'eſt le principe éternel de juſtice qui doit préſider à toute l'inſtruction criminelle. D'après ce principe, tout ce qui conduit à rechercher de bonne foi la vérité, doit être admis : tout ce qui expoſe à commettre une erreur ou à conſacrer une injuſtice, doit être ſoigneuſement réprouvé, & une liſte de jurés inſidieuſement compoſée ſeroit le piège le plus dangereux que l'on pût tendre à un accuſé.

A ces différences près, la procédure ſur le faux, la banqueroute, &c., eſt la même que celle qui concerne les autres délits; elle doit ſur-tout être conduite dans le même eſprit de bonne-foi qui écarte, autant qu'il eſt poſſible, les embarras & les ſubtilités de pure forme, pour chercher conſtamment & uniquement la vérité.

FORMULES

DES DIVERS ACTES

Relatifs à la procédure par jurés.

Nota. Ces formules ſont exactement faites d'après la lettre de la loi; on ne doit donc pas ſe permettre d'en changer ou omettre les moindres diſpoſitions, car chacune d'elles correſpond à quelque article de la loi. Il a été impoſſible de ſpécifier tous les cas, toutes les circonſtances qui peuvent caractériſer un délit : c'eſt aux officiers de police, aux directeurs du juré & autres fonctionnaires publics chargés de la ſuite de la procédure du juré, à ſe bien pénétrer de l'eſprit de la loi, de manière qu'ils puiſſent y conformer toutes leurs opérations dans les cas les plus difficiles, les plus minutieux & les moins prévus.

PLAINTE.

A M. le juge-de-paix, officier de police du canton de..... (*cette forme eſt pour le cas où la plainte eſt*

rédigée par le plaignant ou par son fondé de pouvoir)....
Pierre.... laboureur, demeurant à...... tant en son
nom personnel que comme fondé de la procuration spéciale de Jacques..... passée devant notaire & témoins,
le..... laquelle sera annexée à la présente plainte, vous
représente que cejourd'hui, quatre heures du matin, plusieurs particuliers inconnus, à l'exception d'un seul qui
se nomme Claude..... journalier à...... se sont introduits dans sa maison, située à..... qu'ils ont crocheté
la serrure de la porte qui conduit à..... & ont brisé
une armoire fermant à clef, dans une chambre donnant
sur la cour au rez-de-chaussée; que sur le bruit occa-
sionné par les effractions de ces particuliers, les nommés
Jacques...... & Antoine...... tous deux domestiques du plaignant, couchés dans une chambre voisine,
sont descendus & ont rencontré lesdits particuliers emportant des paquets & autres objets qu'ils n'ont pu distinguer ; que ledit Jacques leur ayant demandé pourquoi
ils se trouvoient à cette heure dans ladite maison, l'un
d'eux, qu'il n'a pu connoître, jetant à terre le paquet qu'il
tenoit, présenta auxd'ts Jacques & Antoine deux pistolets,
en les menaçant de les tuer s'ils osoient faire le moindre
mouvement : que ledit Jacques a jeté un cri qui a porté
l'alarme dans la maison, & auquel sont accourus ledit
plaignant, son fils, & ses autres domestiques; qu'ils entendirent à ce moment tirer deux coups de pistolets, &
qu'étant arrivés, ils trouvèrent Antoine..... mort, &
Jacques...... renversé à terre , & ayant reçu une balle
dans la cuisse & plusieurs coups de bâton sur la tête,
sans que néanmoins il eût perdu connoissance : que ledit
blessé ayant indiqué de quel côté lesdits particuliers s'é-
toient enfuis, le fils du plaignant a suivi leurs traces, &
est revenu quelques minutes après, tenant au collet ledit
Claude........ dont les compagnons n'avoient pu être
saisis, mais que l'on soupçonne n'être pas sortis de la
maison, attendu que ledit plaignant en a fait garder

toutes les issues : que ledit Pierre..... a pris le parti
de venir aussitôt vous rendre compte des faits, & de
conduire pardevant vous ledit Claude..... trouvé saisi
d'une montre & deux gobelets d'argent appartenans audit
Pierre..... que ledit Jacques.... blessé, ne pouvant se
transporter lui-même, a fait venir un notaire qui, en
procuration présence de témoins, a rédigé la * plainte spéciale annexée
à la présente plainte : pourquoi ledit Pierre..... tant
en son nom que comme fondé de ladite procuration, déclare qu'il vous rend plainte des faits ci-dessus énoncés,
dont il offre d'affirmer la vérité, & qui seront attestés par
les témoins amenés avec lui ; demande acte de la remise
qu'il fait en vos mains de la personne dudit Claude...
ainsi que de la montre & des gobelets d'argent dont il a
été trouvé saisi, & vous requiert d'agir conformément à
la loi.

Signé (*à toutes les pages*) Pierre..... tant pour moi
que comme fondé de la procuration spéciale de Jacques...

L'officier de police signe aussi à toutes les pages, & met
au bas :

« La présente plainte signée de...... nous a été pré-
» sentée le.... à dix heures du matin, par ledit Pierre....
» tant en son nom personnel que comme fondé de la pro-
» curation spéciale de Jacques........ annexée à ladite
» plainte, & paraphée de nous & dudit Pierre......
» lequel a affirmé, sur notre réquisition, que les faits
» étoient tels qu'il les avoit exposés dans ladite plainte :
» en conséquence avons donné acte audit Pierre......
» de la remise qu'il fait en nos mains de la personne dudit
» Claude...... présent; & attendu la présence des té-
» moins amenés par ledit....... nous avons reçu les dé-
» clarations desdits témoins sur les faits contenus en sa
» plainte, desquelles déclarations il a été tenu note par
» notre greffier, pour servir & valoir ce qu'il appartieh-
» dra : au surplus, disons que sur-le-champ nous nous
» transporterons sur le lieu du délit, pour, en présence de

» deux notables, être fait viſite par un chirurgien, tant
» du mort que du bleſſe...... & perquiſition dans la
» maiſon dudit Pierre...... & prendre tous les éclair-
» ciſſemens relatifs aux délits dont eſt queſtion en la pré-
» ſente plainte : à l'èffet de quoi ledit Claude.... ſera
» reconduit ſous bonne & ſûre garde à ladite maiſon,
» pour être préſent aux opérations qui pourront être faites,
» & recevoir ſes déclarations. A..... ce..... ſigné.....
» juge-de-paix ».

Si la partie ne rédige pas la plainte, & requiert l'officier de police de la rédiger, celui-ci dreſſe le procès-verbal
en cette forme.

L'an :.... le..... dix heures du matin, s'eſt préſenté
pardevant nous..... juge-de-paix, officier de police du
canton de..... Pierre..... lequel nous a requis de rédiger la plainte qu'il vient nous rendre des faits ci-après
détaillés, à quoi nous avons procédé d'après les déclarations dudit Pierre.... qui nous a dit que ce matin, &c....
tous leſquels faits il a affirmé être tels qu'il les a déclarés, &
a ſigné avec nous au bas de chaque page du préſent acte,
tant en ſon nom que comme, &c. ſur quoi nous, &c....

PROCÈS-VERBAL DE TRANSPORT

DE L'OFFICIER DE POLICE.

Ce tranſport a également lieu ſoit dans le cas où la cauſe
de la mort eſt inconnue & ſuſpecte, ſoit ſur l'avis donné
à l'officier de police, ou la connoiſſance qu'il aura de
quelque manière que ce ſoit, d'un délit, ſans qu'il ſoit
beſoin d'une plainte.

L'an..... le..... heures du matin, Nous..... en
conſéquence de notre ordonnance appoſée au bas de la

plainte à nous rendue cejourd'hui par Pierre..... (ou *sur
l'avis qui nous a été donné*, ou, *étant instruits par la rumeur
publique, qu'il s'étoit commis à*.....) étant accompagnés
de..... & de..... tous deux notables du bourg de....
dont nous avons requis l'assistance à l'effet d'être, en leur
présence, procédé aux opérations ci-après, dont nous leur
avons fait connoître l'objet, & de..... chirurgien demeurant à..... aussi requis de se trouver audit lieu pour y
visiter, tant le particulier mort que le blessé, dont il est
fait mention en la plainte dudit..... lequel (chirurgien)
a prêté en nos mains le serment de procéder en son ame
& conscience à ladite visite, & de déclarer vérité, nous
nous sommes transportés en la maison ou demeure de....
sise à..... rue..... où étant entrés, nous avons requis
ledit Pierre..... de tenir fermées les portes de sa maison, afin que qui que ce soit ne s'en éloigne sans notre
permission, jusqu'à ce que nous ayons procédé aux opérations qui font le sujet de notre transport. Nous avons
aussi requis les sieurs..... gendarmes nationaux, présens,
de faire perquisition dans toute la maison dudit Pierre....
où on soupçonnoit que pouvoient s'être refugiés les complices dudit..... ce qu'ils ont fait, sans avoir rien pu
découvrir ; de suite ledit Pierre..... nous a conduits
vers une chambre donnant sur la cour, au rez-de-chaussée;
nous avons remarqué des traces de sang depuis l'allée qui
conduit à ladite chambre, jusqu'à l'endroit où étoit dé-
posé le corps mort que nous avons trouvé exposé.....
en ladite chambre, sur..... nous avons requis ledit...
chirurgien, d'en faire la visite à l'instant : à quoi procédant
ledit..... a remarqué que..... (*il déclare si l'individu
paroît être mort tout récemment, & quelles font ses bles-
sures, &c.*) desquelles déclarations il résulte que ledit....
est mort de mort violente, & qu'il a été tué par une
arme à feu : en conséquence, & attendu que la cause
de sa mort est connue, & que toutes autres recherches
à cet égard seroient inutiles, nous avons déclaré que rien

ne s'oppofoit à ce que ledit corps mort ne fût inhumé
fuivant les formes ord naires. Nous avons enfuite fommé
ledit Jacques (1) de nous dire s'il reconnoiffoit ledit particulier ? a répondu, non. S'il n'étoit pas vrai qu'il eût
tiré un coup de piftolet ? a répondu, non, & que fes
compagnons feuls avoient tiré. Pourquoi il fe trouvoit
à l'heure de..... dans la maifon ? a dit qu'il avoit été
excité par fes compagnons. Pourquoi il emportoit les
effets dont il avoit été trouvé faifi ? a répondu que, &c.
(*L'on prend ainfi tous les renfeignemens poffibles, tant
de l'accufé que de toutes les perfonnes qui fe font trouvées préfentes au délit, ou qui en ont quelque connoiffance directe ou indirecte, & on fait figner à tous leur
déclaration. L'officier de police conftate auffi l'état des
portes & ferrures brifées.*) Nous nous fommes de fuite,
& accompagnés des mêmes perfonnes, tranfportés en la
chambre où étoit ledit Jacques, que nous avons trouvé
couché dans un lit (*on reçoit les déclarations de Jacques...
le chirurgien conftate fon état, interroge de nouveau le prévenu
s'il connoît le malade, &c.*) : defquels examen, vifite & déclarations il réfulte qu'il exifte meurtre & vol avec effraction ; que ces délits font de nature à mériter peine afflictive ; que ledit Claude..... a été trouvé faifi d'effets
appartenans audit Pierre..... & pris à l'inftant même
du délit, & dans le lieu où il s'eft commis ; & que dans
lefdites déclarations les nommés Victor..... & Guillaume..... abfens, fe trouvent fortement foupçonnés de
complicité : pourquoi nous nous fommes déterminés à faire
conduire fur-le-champ ledit Claude.... à la maifon d'arrêt
du diftrict de..... & à citer pardevant nous ledit.....
(*& autres*) fuivant la forme indiquée par la loi. Nous
avons en conféquence délivré un mandat d'arrêt, à l'effet
de faire conduire fur-le-champ ledit Claude..... à la

---

(1) Lifez Claude.

maifon d'arrêt du diftrict de...... & un mandat d'a-
mener contre lefdits Victor & Guillaume..... (*& autres*)
& avons de ce que deffus dreffé le préfent procès-verbal.
(*L'officier & les notables fignent*).

Cédule pour appeler les témoins.

Etienne...... juge-de-paix, *ou*...... officier de la
gendarmerie nationale, officier de police, *ou*..... directeur du juré du tribunal criminel du département de...
mandons & ordonnons à tous huiffiers & gendarmes nationaux d'affigner Claude..... Jacques, &c..... témoins
indiqués par..... & tous autres qui pourroient être indiqués par la fuite, à comparoître en perfonne pardevant
nous, le..... heure, pour faire leurs déclarations fur
les faits & circonftances contenues en la plainte rendue
par Pierre..... &c. Fait à.... le.... *Signé*....

Affignation en vertu de la cédule ci-deffus.

L'an.... en vertu de la cédule délivrée par.... le....
j'ai.... huiffier.... ou gendarme national de.... affigné
Claude..... demeurant à..... à comparoître le.....
heure.... pardevant M.... demeurant à.... à l'effet de
faire fa déclaration fur les faits dont eft queftion en la
plainte mentionnée en ladite cédule, lui déclarant que,
faute de comparoître fur la préfente affignation, il y fera
contraint par les voies indiquées par la loi; & j'ai audit....
laiffé copie, tant de ladite cédule que du préfent acte.
Signé, &c.

Procès-verbal des déclarations des témoins.

L'an.... le.... pardevant nous officier de police....
ou directeur du juré du tribunal du diftrict de.... ou

préfident

préſident du tribunal criminel du département de....
ſont comparus (*tels & tels*) témoins amenés par.... *ou*
appelés en vertu de la cédule délivrée par nous le.... à
l'effet de déclarer les faits & circonſtances qui ſont à
leur connoiſſance au ſujet du délit dont eſt queſtion
en la plainte rendue par Pierre.... &c. , leſquels témoins ſuſnommés ont fait leurs déclarations ainſi qu'il
ſuit :

Claude.... demeurant à.... âgé de.... a dit n'être
parent, allié, ſerviteur ni domeſtique du plaignant, ni
du prévenu, & déclare que le.... heure de.... il a
vu.... &c., & a ſigné ladite déclaration *ou* déclaré ne ſavoir
ſigner.

(*Toutes les déclarations ſe rédigent ainſi ſans autre
forme.*)

Mandat d'amener.

DE PAR LA LOI.

Étienne...., juge-de-paix & officier de police du canton
de.... diſtrict de.... département de.... demeurant
à.... mandons & ordonnons à tous exécuteurs de mandemens de juſtice, d'amener pardevant nous, en ſe conformant à la loi, le ſieur Victor.... maçon, demeurant à.... rue.... âgé d'environ.... taille de....
cheveux bruns, pour être eutendu ſur les inculpations
dont ledit Victor.... eſt prévenu.

Requérons tous dépoſitaires de la force publique de
prêter main-forte, en cas de néceſſité, pour l'exécution
du préſent mandat.

A.... (*date, ſignature de l'officier de police, ſceau
de l'officier de police*).

Procès-verbal dressé par le porteur d'un mandat d'amener.

L'an.... Je.... soussigné, en vertu du mandat d'amener délivré par.... officier de police, le.... signé de lui & scellé, me suis transporté au domicile de Victor... demeurant à.... auquel, parlant à sa personne, j'ai notifié le mandat d'amener dont j'étois porteur, le requérant de me déclarer s'il entend obéir audit mandat, & se rendre pardevant ledit..... officier de police : ledit sieur..... m'a répondu qu'il étoit prêt à obéir à l'instant : en conséquence, j'ai conduit ledit sieur..... pardevant le..... officier de police de..... pour y être entendu, & être statué à son égard ce qu'il appartiendra ; & j'ai, de tout ce que dessus, dressé le présent procès-verbal.

(*Si l'inculpé refuse d'obéir, l'huissier doit se conduire ainsi qu'il va être dit.*) Lequel m'a répondu qu'il ne vouloit point obéir audit mandat d'amener ; je lui ai vainement représenté que sa résistance injuste ne pouvoit le dispenser d'obéir au mandement de la justice, & m'obligeroit à user des moyens de force que j'étois autorisé à employer par la loi ; ledit sieur..... s'est obstiné à refuser d'obéir au mandat. En conséquence, je l'ai saisi & appréhendé au corps, étant assisté de.... gendarmes nationaux du département de... résidans à... desquels j'ai requis l'assistance, pour que force demeure à justice ; j'ai conduit ledit.... pardevant..... &c.

Mandat d'arrêt.

D e　P A R　L A　L O I.

Etienne.... juge-de-paix & officier de police du canton de..... district de..... département de.... mandons & ordonnons à tous exécuteurs de mandemens de justice, de conduire en la maison d'arrêt du district de... Claude...

journalier, demeurant à.... prévenu de complicité d'un vol avec effraction, & des meurtres commis le.... en la maifon de Pierre.... Mandons au gardien de ladite maifon d'arrêt de le recevoir, le tout en fe conformant à la loi ; requérons tous les dépofitaires de la force pub`ique, auxquels le préfent mandat fera notifié, de prêter main-forte pour fon exécution, en cas de néceffité. (*date, fignature, fceau.*)

Défiftement de la plainte, dans les vingt - quatre heures,
par le plaignant.

L'an.... le.... heure de.... Pierre.... s'eft préfenté devant nous, & nous a déclaré qu'il fe défiftoit purement & fimplement de la plainte par lui portée devant nous, le.... (*on fpécifie le délit*) ; & dont les circonftances font détaillées en ladite plainte, n'entendant donner aucune fuite à la dénonciation dudit délit : pourquoi il nous requiert de biffer & d'anéantir ladite plainte. Nous, attendu que le délai de vingt-quatre heures, fixé par la loi, n'eft pas encore expiré, avons donné acte audit..... de fon défiftement : en conféquence avons biffé (1) en fa préfence ladite plainte fur le regiftre ou feuille où elle étoit infcrite (*ou bien*), avons donné acte audit.... de fon défiftement ; & attendu que le délit énoncé dans la plainte intéreffe l'ordre public, nous avons pris ladite plainte pour dénonciation. En conféquence difons qu'elle fubfiftera, à l'effet d'être procédé, conformément à la loi, à la pourfuite du délit dont il s'agit ; & avons, de ce que deffus, dreffé le préfent acte. (*figné, le plaignant & l'officier de police.*)

---

(1) *Voyez* cependant l'article 5 du titre V de la première partie du décret du 16 feptembre 1791, ci-devant, p. 45.

Dénonciation civique.

L'an.... le.... Jacques..... demeurant à..... s'est présenté devant nous, & nous a déclaré que passant dans la rue.... cejourd'hui six heures du matin, il avoit apperçu deux hommes vêtus de.... taille de.... lesquels, armés chacun d'un fusil, s'étoient saisis d'un particulier sortant d'une maison sur ladite rue, numérotée... lequel, malgré sa résistance, & après l'avoir maltraité, ils avoient emmené & fait entrer par force dans une voiture qui se trouvoit au coin de ladite rue...., vis-à-vis une maison où on entre par une allée étroite fermée d'une petite porte ; que là, les deux particuliers & la personne par eux enlevée, étoient descendus & entrés dans ladite allée, dont la porte a été sur-le-champ fermée ; que ledit.... & deux voisins qu'il a conduits pardevant nous pour déposer desdits faits ; s'étant approchés & ayant prêté l'oreille, ils entendirent une voix qu'ils croient être celle du particulier maltraité, & qui s'exhaloit en reproches contre les violences exercées envers un citoyen innocent ; que ledit..... & les deux autres témoins ayant demandé au cocher qui conduisoit ladite voiture, s'il connoissoit les personnes entrées dans ladite maison, il leur repondit qu'il soupçonnoit, &c. (on détaille toutes les circonstances) ; que ledit...... certain que la maison où avoit été conduit le particulier enlevé en sa présence, n'étoit pas un lieu de détention, & convaincu que cet attentat à la liberté d'un citoyen, ne pouvoit être que l'effet d'un abus d'autorité, ou d'un complot criminel, venoit nous dénoncer ce délit, dont les témoins qu'il avoit amenés attesteroient les circonstances qui sont à leur connoissance : sur quoi, nous, ouï l'exposé dudit... nous lui avons demandé s'il étoit prêt à signer & affirmer sa dénonciation, & s'il vouloit donner caution de la poursuivre ; ledit.... a répondu qu'il étoit prêt à signer sa dénonciation & en affirmer la vérité ; qu'à l'égard de la caution, son intention n'étoit pas de la fournir ni de poursuivre, en son nom, le délit par lui dénoncé : vu lequel refus, & attendu néanmoins que le fait déclaré par ledit. . . . s'il étoit avéré, seroit un délit punissable ; & qu'il importe à l'ordre public de vérifier l'existence & les circonstances d'un pareil attentat :

Après avoir entendu la déclaration de. . . . & de. . . . demeurant à. . . . témoins amenés par ledit. . . . lesquels nous ont dit, savoir. . . . & l'autre. . . . laquelle déclaration est conforme à l'exposé dudit. . . . nous disons qu'à l'instant même nous nous transporterons rue. . . . dans la maison. . . . à l'effet d'y faire perquisition & de prendre tous les renseignemens & éclaircissemens nécessaires, pour ensuite être procédé par nous ainsi qu'il sera convenable & conformément à la loi. (*signé*. . . . *le dénonciateur, les témoins, l'officier de police.*)

Acte d'accusation.

Le directeur du juré du tribunal du district de. . . . expose que le. . . . du mois de. . . . le sieur. . . . gendarme national du département de. . . . demeurant à. . . . porteur du mandat d'arrêt délivré le. . . . par. . . . juge-de-paix & officier de police du canton de. . . . contre Jacques. . . . prévenu d'avoir. . . . a conduit en la maison d'arrêt de. . . . dudit tribunal, la personne dudit. . . . & remis les pièces concernant ledit. . . . au greffe du tribunal ; qu'aussitôt ladite remise, ledit Jacques. . . . a été entendu par le directeur du juré sur les causes de sa détention ; que le sieur Pierre. . . . partie plaignante dénommée dans lesdites pièces, ne s'étant pas présenté dans les deux jours (1) de la remise du prévenu, en la maison d'arrêt, le directeur

____

(1) Si la partie plaignante se présente dans les deux jours, l'acte d'accusation est dressé en son nom, & la formule en est la même, sauf qu'il en faut retrancher toute la partie où le directeur du juré expose qu'il intervient à défaut du plaignant.

du juré a procédé à l'examen des pièces relatives aux causes
de la détention & de l'arrestation dudit..... ; qu'ayant vérifié la nature du délit dont est prévenu ledit Jacques...
il n'avoit pas trouvé que ce délit fût de nature à mériter
peine afflictive ni infamante, mais que sur le rapport fait
par le directeur du juré au tribunal du district, ledit tribunal, après avoir entendu le commissaire du roi, a décidé
que le délit dont il s'agit étoit de nature à mériter peine
afflictive : en vertu de cette décision, le directeur du juré
a dressé le présent acte d'accusation, pour, après les formalités requises par la loi, être présenté au juré d'accusation. Le directeur du juré déclare, en conséquence, qu'il
résulte de l'examen des pièces, & notamment du procès-
verbal dressé le..... par..... officier de police dudit
canton de.... lequel procès-verbal est annexé au présent
acte, que le.... jour.... heure, il a été commis un vol
dans la maison de.... située à.....rue ;... que les voleurs
se sont introduits dans une chambre donnant.... dont ils
ont brisé la porte.... qu'ils ont forcé la serrure d'une armoire,.... &c.; que Jacques..... demeurant à..... &
détenu en la maison d'arrêt du district de..... est prévenu
d'avoir commis ledit vol ; que ledit Jacques a déclaré au
directeur du juré soussigné ; qu'à la vérité il s'étoit introduit
avec deux autres particuliers qu'il a refusé de nommer,
dans la maison & la chambre susdésignées, mais qu'il
n'a participé en aucune manière au vol dont il s'agit, &c....
qu'il résulte de tous ces détails, attestés par le susdit procès-verbal, que le vol dont il s'agit a été commis avec
effraction extérieure & intérieure ; sur quoi les jurés auront à prononcer s'il y a lieu d'accuser ledit Jacques
d'avoir..... Fait à..... le..... (*Le directeur du juré
signe*).

<h3 style="text-align:center">Ordonnance de prise-de-corps.</h3>

Nous, juge du tribunal du district de.... & directeur
du juré, vu la déclaration des jurés étant au bas de l'acte

d'accusation dont la teneur suit.... laquelle déclaration, à nous remise cejourd'hui par le chef desdits jurés, en leur présence, porte qu'il y a lieu à l'accusation mentionnée audit acte, ordonnons que ledit Jacques.... sera pris au corps, & conduit directement en la maison de justice du tribunal criminel de.... (soit de celui de... entre lesquels il pourra opter dans le délai, & en la forme indiquée par la loi). Mandons & ordonnons de mettre à exécution la présente ordonnance, dont sera laissé copie audit.... & qui sera par nous notifiée conformément à la loi, tant à la municipalité de la ville de.... qu'à celle dud.... où led. Jacques étoit domicilié. A... le.... (*Signé*).

Si le prévenu est détenu en la maison d'arrêt, l'ordonnance portera :

Ordonnons que led. Jacques.... détenu en la maison d'arrêt du district de.... sera transféré & conduit de ladite maison.... en la maison de justice du tribunal criminel, &c.

Si le prévenu a déja été reçu à caution, l'ordonnance portera : vu la déclaration du juré, & attendu que led.... a déja été reçu à caution pardevant le juge-de-paix du canton de.... lui enjoignons de comparoître à tous les actes de la procédure criminelle qui sera instruite contre lui, au tribunal criminel du département de.... établi à.... en conséquence d'élire domicile dans ladite ville & de le notifier au commissaire du roi dudit tribunal; le tout à peine d'y être contraint par corps. A... le..

Signification au juré que son excuse n'a point été admise.

L'an.... le.... à la réquisition de.... directeur du juré du tribunal du district de.... j'ai... signifié à.... demeurant à.... l'un des citoyens inscrits sur la liste pour former le juré d'accusation, que l'excuse par lui proposée pour être dispensé de se rendre à l'assemblée du juré d'accusation le.... prochain, ayant été présentée au tri-

bunal du diſtrict de... elle a été jugée non-valable par
le tribunal ; que d'après cette déciſion le nom dud.....
a été ſoumis au ſort pour la formation du juré d'accuſation, & qu'il eſt du nombre des huit citoyens compoſant ledit tableau ; qu'en conſéquence ledit.... eſt ſommé
de ſe rendre l........ jour fixé pour l'aſſemblée du juré
d'accuſation : lui déclarant que, faute par lui de ſe trouver
auxdits jours, lieu & heure, il ſera condamné aux peines
prononcées par la loi : & j'ai laiſſé copie du préſent acte,
tant aud... qu'aux officiers municipaux dudit lieu de... (domicile du juré) en parlant au greffier de ladite municipalité.

...(Cette ſignification eſt la même pour le juré de juge-
ment ; il n'y a que les termes à changer)........

Jugement du tribunal criminel.

Louis, &c.

Vu par le tribunal criminel du département de......
l'acte d'accuſation dreſſé contre Jacques, par Pierre, partie
plaignante (ou par le directeur du juré du diſtrict de....)
& dont la teneur ſuit ....
....
la déclaration du juré d'accuſation du diſtrict de......
écrite au bas dudit acte, & portant qu'il y a lieu à l'accuſation mentionnée audit acte ; l'ordonnance de priſe-
de-corps rendue par le directeur du juré dudit diſtrict,
contre ledit Jacques ; le procès verbal de la remiſe de ſa
perſonne en la maiſon de juſtice du département, & la
déclaration du juré de jugement, portant que Jacques
eſt convaincu d'avoir.... Le tribunal, après avoir entendu le commiſſaire du roi, condamne Jacques à....
(exprimer la peine) conformément à l'article... du Titre...
du code pénal, dont il a été fait lecture, lequel eſt ainſi
conçu (inſérer le texte) ; ordonne que le préſent jugement
ment ſera mis à exécution à la diligence du commiſſaire
du roi. Fait à.... le.... en l'audience du tribunal où
étoient préſens N. & N. juges du tribunal, qui ont ſigné
la minute du préſent jugement.

PROCLAMATION
DU ROI,

Concernant l'exécution de la loi des jurés.

Du 15 janvier 1792.

FRANÇAIS,

Le pouvoir judiciaire est le véritable lien des institutions sociales : sans lui aucun citoyen ne pourroit compter sur la libre jouissance de ses premiers droits, la propriété de sa personne & de ses biens ; sans lui, votre législation nouvelle vous promettroit en vain de si grands avantages.

Mais c'est par l'action redoutable & continue qu'il exerce contre le crime & ses auteurs, que ce pouvoir tutélaire intéresse d'une manière plus immédiate & plus profonde, non-seulement la société en général, mais chacun de ses membres en particulier.

Aussi l'Assemblée constituante, non moins soigneuse de garantir à tout individu sa liberté, son honneur & sa vie, que de maintenir la sûreté publique, s'est-elle attachée, avec une sorte de préférence, à bien ordonner le système de vos lois criminelles ; & cette branche de ses travaux, est une de celles où brille éminemment sa sagesse. De peur que le juge ne devînt plus redoutable que la loi, elle n'a conféré le droit de punir, ni à un homme, ni à un corps : elle a divisé tout-à-la-fois & les recherches nécessaires pour la découverte des délits, & les fonctions attribuées aux ministres de la justice : la plainte, l'accusation, la conviction ne sont plus sous la dépendance d'un seul & même tribunal ; & le partage de la puissance prévient l'oppression & la tyrannie.

Français, tel est l'esprit de ces lois que vous devez recevoir comme un des plus beaux présens que la raison ait fait à l'humanité. Le roi se félicite de voir enfin, sous

fon règne, une legiflation douce, humaine, & appropriée
à une conftitution libre, fubftituée à un fyftême oppreflif,
plus propre à effrayer l'innocent qu'à faire trembler le criminel. Il fe fait gloire d'avoir commencé à purger le code
de plufieurs de ces atrocités légales dont fon cœur gémiffoit,
& d'avoir préparé les efprits à ce que l'Affemblée nationale
a exécuté. Il vouloit comme elle, que la loi protégeât l'accufé, en puniffant le crime; qu'elle refpectât jufque dans
le coupable la qualité d'homme, & que le fupplice même
ne fût qu'un facrifice fait à la fûreté publique. Tous fes
vœux, à cet égard, vont être remplis; mais ce n'eft pas
feulement fous ce point-de-vue, que cette inftitution eft
belle; elle l'eft encore par fon heureufe influence fur les
mœurs nationales.

La loi des jurés inveftiffant chaque particulier d'une véritable magiftrature, fera naître & nourrira dans tous les
cœurs ce refpect de foi, fource des vertus privées, & garant
des vertus publiques, ce fentiment de la dignité perfonnelle
qui ennoblit toutes les affections. Chaque citoyen, appelé
à devenir tour-à-tour l'arbitre de la deftinée de chaque
citoyen, faura s'eftimer, fentira mieux le prix de l'eftime,
& reconnoîtra le vrai principe de l'égalité. L'accufé pouvant
oppofer à la malignité d'un accufateur, & même aux plus
redoutables probabilités, le témoignage de fa vie entière:
les citoyens fentiront profondément le befoin d'une réputa-
tion pure qui commande l'habitude des vertus. Ainfi s'agran-
dira encore le génie national; ainfi fe développera le véritable efprit de la liberté, & de nouveaux liens de frater-
nité uniront tous les français.

Voilà, citoyens, la perfpective confolante que vous offre
votre légiflation criminelle; voici les obligations qu'elle
vous preferit. Les intérêts de la fociété, les droits de l'humanité font remis en vos mains: vous vous rendez coupables envers l'une, fi vous écoutez une molle indulgence;
vous offenfez l'autre, fi vous outrez la févérité légale. Votre
confcience, voilà votre guide; la juftice, votre règle; l'hu-

partialité, votre devoir. Ôter au crime l'espoir de l'impunité, souftraire l'innocence à la crainte de l'oppression ou de l'erreur des tribunaux, & le juge à l'empire de sa volonté propre : telle eft la perfection d'un fyftême de lois criminelles, tel eft l'objet des fonctions auguftes qui vous font confiées.

Vous plaindriez-vous des dérangemens paffagers qu'elles vous coûteront quelquefois ? non : la liberté, vous le favez, n'eft pas un bien que l'on puiffe acquérir fans combat, ni conferver fans facrifice ; il vous convient de prouver à l'Europe, par un zèle ardent à remplir les devoirs que vous impofe l'honorable titre de citoyen, que vous êtes dignes de le porter. Vos ennemis ont trop remarqué votre peu d'empreffement à exercer dans les affemblées primaires & électorales, les plus importans des droits politiques du citoyen dans un gouvernement repréfentatif. Français, banniffez donc cette funefte indifférence ; ou avec une conftitution libre vous ne ferez pas des hommes libres ; & avec de bonnes lois, vous ne jouirez qu'imparfaitement des biens que de bonnes lois affurent.

Par ces confidérations, le roi après s'être fait rendre compte en fon confeil d'état du réfultat des ordres donnés, foit par le miniftre de la juftice, foit par le miniftre de l'intérieur, relativement à l'exécution du décret du 16 feptembre dernier, fanctionné le 29 fuivant, croit devoir la rappeler aux Français ; en conféquence :

ARTICLE PREMIER.

Recommande, fa majefté, à tous les citoyens qui, ayant les conditions requifes pour être électeurs, ne fe font pas fait encore infcrire pour fervir de juré de jugement fur le regiftre à cet effet tenu par le fecrétaire-greffier de chaque diftrict, de remplir dans le plus court délai cette obligation qui leur eft impofée par l'article 2 du titre II de la loi du 29 feptembre dernier.

A R T. I I.

Enjoint fa majefté, à ceux des procureurs-généraux-
fyndics qui n'auroient pas encore choifi les jurés de jugement du premier trimeftre, d'en dreffer inceffamment
la lifte, & de veiller à ce que celle des trente citoyens
qui doivent fervir de jurés dans les accufations, foit pareillement formée par le procureur-fyndic de chaque
diftrict.

A R T. I I I.

Ordonne pareillement fa majefté, à tous les directoires
de département qui n'auroient pas encore, felon le vœu
du titre XIII de la loi du 29 feptembre, & d'après les
ordres tranfmis le 16 novembre par le miniftre de l'intérieur, établi la maifon de juftice du département, de
faire toutes les diligences néceffaires pour la mettre en état
dans le plus bref délai ; comme auffi de veiller à ce que
les directoires de diftrict établiffent également la maifon
d'arrêt.

A R T. I V.

Les procureurs-généraux-fyndics, en exécution de
l'article 2 du titre XIII de la loi du 29 feptembre, donneront, fous l'autorité des directoires de département,
les ordres les plus exprès & les plus prompts pour que
ces différentes maifons foient difpofées de manière à ce
que la sûreté s'y trouve unie à la propreté, la falubrité,
même la commodité qui peut adoucir la rigueur de la
détention d'un accufé que la loi préfume encore innocent.

A R T. V.

Les tribunaux de diftrict qui ne fe font pas encore
conformés au vœu de l'art. 2 du titre Ier. de la feconde partie
de la loi du 29 feptembre, relatif au choix du directeur du

juré, procéderont fur-le-champ à cette nomination ; ils défigneront également le juge qu'ils doivent fournir à leur tour au tribunal criminel du département.

A R T. V I.

Ordonne fa majefté, à fes commiffaires près les tribunaux criminels ou de diftrict, de rendre compte, dans le plus court délai, au miniftre de la juftice, chacun en ce qui le concerne, de l'état des tribunaux criminels & de l'exécution de la loi des jurés ; & fera la préfente proclamation, publiée, imprimée & affichée par-tout où befoin fera.

Fait au confeil d'état, le 15 janvier 1792.

Signé, LOUIS, *Et plus bas :* M. L. F. DU PORT.

Le décret des 7 & 10 avril 1792, qui contient des difpofitions importantes fur les demandes en caffation, formées contre les jugemens criminels, ayant été prononcé pendant le cours de l'impreffion de ce code, il m'a paru néceffaire de le joindre ici par forme de *fupplément.*

DÉCRET des 7 & 10 avril 1792,

Sanctionné le 15 du même mois,

Relatif au jugement des procédures criminelles portées au tribunal de caffation.

L'Affemblée nationale confidérant que rien n'eft plus preffant que d'affurer le cours de la juftice ; que le jugement des procédures criminelles portées au tribunal de caffation y refte fufpendu, parce que les accufés ne les pourfuivent pas, & que la loi n'a pas prévu ce cas ; que les avances des droits de timbre & d'enregiftrement pour l'expédition des actes de ces procédures, préfentent un autre obstacle ; qu'il n'a pas été pourvu aux frais de bureau du tribunal de caſſation & au traitement des différens officiers miniſtériels & concierges ; qu'il eſt important néanmoins que le ſervice n'éprouve aucune interruption : décrète qu'il y a urgence.

L'Aſſemblée nationale, après avoir décrété l'urgence, décrète ce qui ſuit :

ARTICLE PREMIER.

Tous actes de procédures criminelles, de quelque nature qu'ils ſoient & tous jugemens & ordonnances dans les procès criminels, ſeront faits & expédiés ſur papier libre ; & l'enregiſtrement, dans le cas où il y aura lieu à la formalité, ſera fait ſans frais.

ART. II.

Lorſqu'un accuſé condamné par le tribunal criminel, aura déclaré, dans le délai preſcrit par la loi, qu'il entend ſe pourvoir en caſſation, il ſera tenu de remettre ſa requête en la forme indiquée par la loi & par l'inſtruction ſur les jurés, dans le délai de huit jours.

Le commiſſaire du roi, auſſitôt qu'il aura reçu cette requête, l'adreſſera au miniſtre de la juſtice ; il lui enverra en même-temps une copie du jugement en papier libre, ſignée du greffier du tribunal criminel, & les procédures ſur leſquelles ce jugement ſera intervenu. Le miniſtre de la juſtice tranſmettra ces pièces au tribunal de caſſation, au plus tard dans les vingt-quatre heures de leur réception.

ART. III.

Il en ſera de même pour les demandes en caſſation des jugemens qui ſeront rendus par les tribunaux de diſtrict, dans les cas où ils jugent ſuivant les anciennes formes. Les commiſſaires du roi ſeront tenus, en ce cas, d'adreſſer

les expéditions des procédures criminelles qui auront été
envoyées des tribunaux de première instance, sans que les
greffiers des tribunaux d'appel puissent faire de secondes
expéditions à l'occasion des demandes en cassation.

A r t. I V.

Les requêtes en cassation pourront être signées par le
conseil de l'accusé, s'il ne sait signer ; & à défaut de
conseil, en ce cas le greffier attestera au bas de la requête,
que l'accusé a déclaré ne savoir signer.

A r t. V.

La section de cassation statuera sur les requêtes en cassation dans les affaires criminelles, & prononcera de suite
la cassation, s'il y a lieu, des procédures & jugemens,
sans qu'il soit besoin de jugement préalable pour admettre
les requêtes.

A r t. V I.

La loi du premier décembre sur l'institution du tribunal
de cassation & la loi & l'instruction sur les jurés, seront
au surplus exécutées en ce qui n'est pas contraire au présent décret.

A r t. V I I.

Les jugemens rendus par le tribunal de cassation, lorsqu'ils rejetteront les requêtes en cassation en matière criminelle, seront délivrés dans les trois jours au commissaire
du roi, par simple extrait signé du greffier & sur papier
libre : cet extrait sera adressé au ministre de la justice,
qui l'enverra aussitôt au commissaire du roi près le tribunal
criminel, chargé de faire exécuter les jugemens de condamnation.

A r t. VIII.

Le greffier du tribunal de caffation délivrera, fans frais & fur papier libre, au commiffaire du roi du tribunal de caffation, tous les jugemens rendus fur fes réquifitoires, ou dont il eft chargé de pourfuivre l'exécution.

A r t. I X.

Les frais de fervice du tribunal de caffation pour concierge, feu, lumière & autres, font fixés à cinq mille liv. annuellement.

A r t. X.

Les huit huiffiers du tribunal de caffation auront chacun quinze cents livres de traitement.

A r t. X I.

Il fera payé cette année, au greffier du même tribunal, pour indemnité des commis qu'il a dû employer, le double de fon traitement fixe.

A r t. X I I.

Les fix concierges des tribunaux criminels provifoires de Paris, auront chacun pour traitement huit cents livres par an.

A r t. X I I I.

Les traitemens & frais de fervice ci-deffus décrétés auront lieu du jour de l'inftallation des tribunaux.

Fin du Code criminel.

TABLE

TABLE

DES MATIÈRES

Contenues dans le Code criminel.

A.

Absent. Voyez Accusé contumax.

Accusateur public près le tribunal criminel du département : doit être nommé par les électeurs du département, page 60. Pour combien de temps peut être nommé : il peut être réélu, p. 61. Qualités requises dans sa personne, *ibid.* & p. 62. Ses fonctions, p. 63. Différentes parties qui composent son ministère ; leur importance, p. 151 & 152. Comment il expose le sujet de l'accusation en présence de l'accusé, p. 71. Peut demander aux témoins & à l'accusé tous les éclaircissemens dont il croit avoir besoin, p. 158. Doit être entendu après les dépositions, p. 74. Peut faire des observations sur la manière dont le tribunal criminel pose les questions, p. 168. Son costume, p. 108. Son traitement. *Voyez* Traitement. Il ne peut être juré, p. 92.

Accusateurs publics établis près des six tribunaux criminels institués à Paris, p. 33. Leur traitement, p. 35. Ne peuvent interjetter appel des jugemens des tribunaux criminels, p. 110.

I.

J.

L.

P.

P.

Code criminel. P

V.

Visite des maisons d'arrêt & de justice & des prisons, doit être faite
au moins deux fois la semaine par les officiers municipaux,
p. 102 & 129. *Voyez* Officier municipal, Transport.

Voix : nombre nécessaire pour la condamnation des accusés,
p. 10.

Vol de commis ou associés en matière de finance, commerce
& banque, règles particulières sur la procédure en ce cas,
p. 95 & suiv.

Fin de la Table des Matières.

E R R A T A.

PAGE 11, lignes 1 & 2, décret du 13 octobre 1791, *lisez*
décret du 13 octobre 1785.

Ibid. ligne 12, décret du 14 octobre 1791, *lisez*, décret du
14 octobre 1789.

Nota. Il s'est glissé une faute importante dans le premier
volume, p. 162, titre V, art. 4 du décret des 14 & 18 octobre
1790. *On lit :* il ne sera pas nécessaire de faire écrire le procès-
verbal de visite, ni l'avis des gens de l'art ; *lisez :* Il ne sera pas
nécessaire de faire écrire le procès-verbal de visite, ni la presta-
tion de serment & l'avis des gens de l'art.

www.ingramcontent.com/pod-product-compliance
Lightning Source LLC
LaVergne TN
LVHW010956180726
843502LV00004B/1224